食べて笑って
　　好きになる
　大人のごほうび台湾

　　　　　山脇りこ

はじめに

**台北は、大人を笑顔にしてくれます。
さあ、私にごほうびの旅へ。**

台湾に魅せられています。
なにしろ、台湾へ行くと、ほぼずっと笑っています。
出会う台湾人はみんな裏表がなく、どうしてこんなに？　と思うほど優しい。
こっちも素直になるし、優しくなれる。毎日、すこぶる上機嫌。

食べることへのただならぬ執着が、みんな私と同じくらい強くてうれしい。
どうやら「うまい」は台湾人の至上命題らしく、うまいためならどんな手間も
惜しまない。

それに、台湾は、「きれいが同じ」で気持ちいい。どこまできれいにするか？
言葉では説明できないその感覚が、私たちとほぼ同じ。仕事で、友の家で、
いっしょに料理をしていて確信しました。衛生観念が同じって、とてもラク。

ひとりでも楽しい（これ大事）、ふたりもいい、仲間とも盛り上がる。

中でも今、ふたたび、台北に恋しています。
歩いているとふと、「三丁目の夕日」的懐かしさを見つけて和む。
モダンでかっこいいものも、気張らず、気取らず愉しめる。

70年代の猥雑な気配が残る龍山寺あたり、17世紀を思いながら歩く迪化街、
美しく洗練された大安の裏通り、夜ふかしが似合う東区。
歩いてみたら、新しい発見もあって、魅力はさらに深まりました。

日本から3〜4時間。公共交通も発達していて、女子ひとりでも旅がしやすい。
台北なら、わずか2、3日で幸せになれます。

これは、台湾に、台北に心奪われ、
胃袋もがっつりつかまれた食いしん坊の料理家が、暑苦しいまでに、
おいしいでしょ？ いいでしょ？ 行こうよ！ と、
おすすめしまくる本です。

自分へのごほうびは、いくらあげても、あげすぎることはありません。
さあ、ごほうび三昧の旅へ、出かけましょう。

Contents

2 はじめに
6 歩くだけで楽しくなる、台北を歩いてまわろう！

area A 台北駅と艋舺龍山寺界隈 台北の変遷、歴史を感じる

12 Model Route

14 青島飯糰、二二八和平公園、
　　カスタマイズ弁当ストリート
16 城中市場、陳記京滬酒釀餅、台北駅
18 天和鮮物、HOTEL COZZI 台北忠孝店、
　　祥和蔬食精緻料理
20 飯糰霸、金花碳烤吐司專賣、
　　建宏牛肉麵、楊記花生玉米冰
22 Simple Kaffa Flagship 興波咖啡、
　　阿斌芋圓、八拾捌茶輪番所
24 艋舺龍山寺
26 龍都冰果專業家、福州元祖胡椒餅、
　　珍果冰果室、萬華仙草冰

area B 大稻埕・迪化街、中山・雙連 ザ・台北の新旧

34 Model Route

36 雙連朝市、高家素食
38 雙連高記手工水餃／三五水餃、
　　信成油廠股份有限公司、
　　現烤蛋糕 大川本舖、雙連圓仔湯
40 赤峰街
42 貨室甜品、誠品生活南西店
44 Smith & Hsu、61 BEER、
　　明福台菜海鮮
46 茴香
48 賣麵炎仔 金泉小吃店、
　　永興農具工廠、阿嬤家Ama Museum
50 高建桶店、百勝堂藥行、泉屋食品行
52 迪化街で乾物を買おう
54 大稻埕慈聖宮とその周辺屋台
56 林華泰茶行、
　　Play Design Hotel 玩味旅舍、寧夏夜市
58 森高砂咖啡、印花樂、
　　OrigInn Space大稻埕、大稻埕碼頭

area C 松江南京、行天宮、南京復興あたり

食い倒れて、マッサージ

66 Model Route

68 富覇王猪脚、四平陽光商圏・59號
70 不老客家傳統麻糬、
　　6星集足體養身會館 台北民權会館、行天宮
72 春美冰菓室、
　　雅閣、BAR春花 The Primrose
74 黄記魯肉飯、双妹嘜養生甜品、
　　阿娥水餃
76 阿城鵝肉、梁記嘉義鶏肉飯、
　　養心茶楼、鶏家荘
78 東北軒、茂園餐廳、全佳樂釣蝦場

4

緑多き最先端。東区、台北101界隈
洗練、モダン&夜ふかし台北

86 Model Route

- 88 包仔的店、HEXA、心樸市集
- 90 Cha Cha The、驥園川菜餐廳
- 92 一禾堂、妞媽小舗時尚選物、初衣食午、MUME
- 94 キンプトン大安ホテル（金普頓大安酒店）
- 96 啜飲室 大安
- 98 極品光復素食包子、周家豆腐捲
- 100 天下三絶、Plants
- 102 掌生穀粒糧商号、easyoga、微風南山・新光三越信義新天地・誠品信義店
- 104 北門鳳李冰、花甜果室、東區粉圓
- 106 小時候冰菓室、Cher Mouton 姆桐 花蛋糕、御品元傳統手工元宵
- 108 庄頭豆花担、騒豆花、山水伯豆花、大安古早味手工豆花
- 110 KIKI 餐廳 延吉創始店、東雅小厨、FIFI茶酒沙龍、吉品海鮮餐廳 信義店
- 112 Draft Land、肯 自然 Can Nature、沐心苑健康養生館
- 114 松山文創園區、誠品行旅
- 116 味家魯肉飯、十間茶屋、真芳

東門、永康街と台湾大学　古き面影と歩く

124 Model Route

- 126 東門市場
- 128 永康街
- 130 秀蘭小館、第8口鳳梨酥 Oneness Pineapple Cake、手天品社區食坊
- 132 TAKE FIVE 五方食蔵、龍潭豆花、大學口胡椒餅
- 134 国立台湾大学
- 136 山海楼
- 138 青島豆漿店、鼎泰豊 信義店、GREEN&SAFE 東門店・斎民市集 有機鍋物
- 140 蘇杭點心店、炭烤地瓜、金錦町 JING JING DING
- 142 小李子清粥小菜、掌門精釀啤酒、極簡cafe、Staff Only Club

148 台湾で食べた味、買った味。帰国してからも楽しみたい。
160 帰ってからもうれし、たのし、おいしいおみやげ

寝るまえに読むコラム
- 30 ある朝、二二八和平公園で、「なにも知らなかった、ごめん」と思った
- 62 永樂市場と理想のエプロン
- 82 台北はなぜ美味しい？ 〜中国大陸のすべての美味がある
- 120 世界が認めたウイスキーを求めて、宜蘭（イーラン）へ
- 146 美味なるものに出合う士東市場と「客家荘」
- 166 Akameへ。まだ見ぬ味わいを求めて

- 168 旅の手帳
- 174 おわりに

旅の発見は歩くことから
歩くだけで楽しくなる、台北を歩いてまわろう！

本書の使い方

学生時代からかれこれ30年以上、各地を旅してきて、
「旅の発見は、その街を歩くことから」と思うようになりました。
そこで本書では、台北を歩いてまわりやすいように
5つのエリアに分けて紹介しています。

台北をまわりやすく、5つのエリアに！

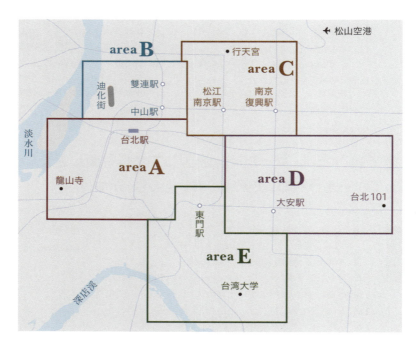

台北駅から時計回りに、A、B、C、D、Eとぐるり。

A：台北駅の主に南側一帯「台北駅と艋舺龍山寺界隈」
B：台北駅の北西側「大稲埕・迪化街、中山・雙連」
C：台北エリアのちょうど真ん中「松江南京、行天宮、南京復興あたり」
D：東側「東区、台北101界隈」
E：南側「東門、永康街、台湾大学」

歩いてまわればより楽し！まずは、「Model Route」から。

東京ではお疲れ気味でも、旅先では無限に歩ける気になってホントによく歩きます。なかでも台北は街歩きが楽しい都市。初めは距離感や位置関係がわからず、後から地図を見て、「そうか、ココとあそこって歩けば近かったのか」と思ったりしていました。でも今は、行きたいところを上手に結んで、私なりの「今日の街歩きルート」を作って歩くようになりました。
その"ほぼ歩いてまわれるルート"を「Model Route」として、各エリアの最初でご紹介。
歩いてまわれば、ぐっと惹かれる小さな店、味のある細い路地、温かい人との出会い、新しい自分だけの発見があります。

（例）area A/Model Route

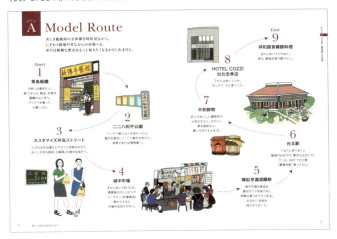

Model Routeは、イントロとしてイラストを用いてご紹介。ここでは1を起点として、それぞれのおすすめポイントだけでなく、移動の際の所要時間の目安や、距離が少し離れている場合には交通手段の情報もお知らせしています。

エリア内には、魅力的な店がまだまだたくさん。

「Model Route」には入れていないけど、同じエリアにあるおすすめのスポットやお店を「まだあるおすすめ Next Recommend」として余すところなくご紹介しています。同エリア内であれば、比較的近いところばかり。さらにここでは、［小吃］［甘味］など、ひと目でわかるカテゴリ分けもしています。
Model Routeでピックアップしているお昼ごはんや晩ごはんを他の気になる店とさしかえたり、朝ごはんは滞在しているホテルの近くを選んだりして、自分らしく上手に活用してください。

（例）area A/ 地図

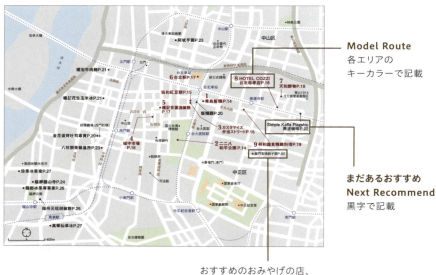

Model Route
各エリアの
キーカラーで記載

まだあるおすすめ
Next Recommend
黒字で記載

おすすめのおみやげの店、
コラムで登場した店：★マーク

また、1日歩いてホテルでベッドに入ったら「寝るまえに読むコラム」を。台湾をもっと知ってほしいという想いで書きました。
帰国後のお楽しみには、「台湾で食べた味、買った味、帰国してからも楽しみたい。」として、あの味を再現するレシピもご紹介しています。台北の味を反芻しながら作って食べて、次の台湾の旅に思いを馳せてください。

歩いてまわる 台北5エリア

area A 台北駅と艋舺龍山寺界隈……P.10

area B 大稲埕・迪化街、中山・雙連……P.32

area C 松江南京、行天宮、南京復興あたり……P.64

area D 緑多き最先端。東区、台北101界隈……P.84

area E 東門、永康街と台湾大学……P.122

・本書に掲載している情報は、2019年11月現在のものです。内容は変更される場合が
　ありますので、お出かけの際には必ず最新情報を事前にご確認ください。
・定休日は旧正月などの祝祭日を除いた情報を記載しています。
・各エリア Model Route に記載している移動時間は、目安です。
・台湾の通貨は、台湾元（または NT$）で。1台湾元＝3.57円（2019年11月15日現在）。

台北駅と艋舺龍山寺界隈
台北の変遷、歴史を感じる

....

**歴史的建築を見ながら歩き、
朝食＆昼弁当激戦区へ、懐かしの下町へ。**

　台北駅は大きい。全土へ延びる鉄道、台鉄（台湾鉄道）と高鉄（台湾新幹線）のターミナルだ。MRTも2線通る。

　南側には日本統治時代の西洋建築、総統府や司法院、台湾銀行、国立台湾博物館など歴史的建築が並ぶ。少し離れてその全体像を見ながら歩きたい。

　早朝から、出勤、通学、旅、いろんな目的の老若男女が行き交う。周囲には朝ごはんと昼ごはん、台湾版ファストフードと弁当の店が集まっている。台湾の人たちの、「一食たりとも気を抜かない」を見習って、旅人も参加させてもらおう。

　さらに南、龍山寺がある萬華区は、かつて艋舺と呼ばれていた。福建から来た人々が1700年代初頭にここに下り立ち、台北の玄関口として栄えた始まりの地。70年代は公娼街もあったが、90年代に一掃された。今は、昔の面影を残す店やそこに集う味わい深きお年寄りたちが、ここの魅力のひとつだ。

area A

Model Route

美しき総統府の全体像を時折見ながら、
にぎわう路地や昔ながらの市場へも。
歩けば複雑な歴史をもっと知りたくなるかもしれません。

Start 1
青島飯糰

9時には着きたい。
朝ごはんは、絶品・台湾式
悪魔のおにぎり。
アツアツを買って、
公園へGO。

2
二二八和平公園

ベンチで朝ごはんを味わったら、
園内を散歩。二・二八事件を知ろう。
時間があれば博物館へ。

3
カスタマイズ弁当ストリート

小さなお弁当屋さんやカフェを眺めながら、
おいしすぎる路地、公園路20巷を目指そう。

4
城中市場

3から歩いて約10分。
博愛路のオリンピック
ベーカリー（世運食品）
側から入ると
市場内を回りやすい。

area A 台北駅と艋舺龍山寺界隈

Last
9
祥和蔬食精緻料理

8から歩いて5分ほど。
夜は、精進料理で軽やかに。

8
HOTEL COZZI
台北忠孝店

7からは歩いて3分。
ゆったり、ひと息つこう。

7
天和鮮物

安心でおいしい調味料や
お茶がそろう。ホテルへ
戻る直前なら、
買いすぎても大丈夫。

6
台北駅

ぐるりと見て歩くと
雑貨やおみやげ、意外な出合いが。
7へは、MRTでひと駅
（善導寺駅）乗っても〇。

5
陳記京滬酒釀餅

城中市場の食品＆
屋台サイドを抜けると
芳醇な香りが立ちこめる。
おなかに余裕を
持たせておいて。

13

> 大好きすぎて100％必ず！寄る、魅惑の悪魔のおにぎり。

Map P.29

1 青島飯糰
チンダオファントァン

親子3人で仲睦まじくやっている飯糰（台湾式おにぎり）の朝屋台。きっちり巻き系で、具の肉鬆（豚肉のでんぶ）は甘さ控えめ、油條（揚げパン）はさっくさく。私は台北の"魅惑の悪魔のおにぎり"と呼んでいます。木製の台湾式おひつに入ったごはんはホクホクで、赤米か白米か選べる。具も選べるけど、迷ったら「総合（全部入り）」に。開店前の裁縫店の店先に出ているので、時間には気をつけて。飯糰のおいしさに目覚める店です。

Data
台北市中正區青島西路13號
◐6：30〜10：00（無休）
MRT台北駅の8番出口を出て歩道沿いに真っすぐ進むと警察署があり、これを左折して青島西路へ。

> のんびり食休みしながら、台湾の歴史にも思いをはせる。

Map P.29

2 二二八和平公園
アーアーバーフーピンゴンユエン

美しく整備された、台湾で最初の近代的都市公園。散歩や太極拳をする人々、鳥たちが集う朝はのんびりとした時間が流れています。1996年、二・二八事件で犠牲となった台湾の人々を追悼する二二八和平紀念碑が建立され、公園の名称も改められました。北側にある国立台湾博物館もおすすめ。

Data
台北市凱達格蘭大道3號

あなた好みのおいしさを見つけて！夢のランチパラダイス。

Map P.29

area A 台北駅と艋舺龍山寺界隈

3 カスタマイズ弁当ストリート

　ある日、人がぞろぞろ出てくる細い路地を発見。入ってみたら、そこは、夢の弁当＆ランチパラダイスでした。ずらーっと並ぶ店先には、数々のうまうまなおかずが並びます。お客さんは好きなおかずを指さしながら、紙の弁当箱か皿に入れてもらい、自分好みのランチを作る。おお、これは、"カスタマイズ弁当ストリート"じゃないか！。
　"弁当は温かいもの"な台湾。ほかほかを持ち帰る人多数。皿盛りして店内で食べてもOK。
　おすすめは、「兄妹飯荘」。ごはんにカレーをかけるチョイスがあり、これが優しい味でたまりません。古代米、カレー、排骨（外はサクサク、箸で切れる柔らかさの台湾風とんかつ）、野菜のおかずを数種指さして、できあがり。ああ、おいしさのストライクゾーンへ剛速球が。すっかり虜になっております。

DATA
台北市中正區南陽街11號あたり
🕐 店により異なる

★別腹をお持ちの方は、この路地の出口にある「協和紅豆餅」で回転焼きもぜひ！

協和紅豆餅
台北市中正區
南陽街11號
🕐 11：30〜19：30

15

台北の巣鴨。笑顔満点のおばちゃまたちと楽しすぎるお買い物。

Map P.29

4 城中市場
チャンジョンシーチャン

　城中市場は武昌街一段を挟んで、北側の衣料品雑貨ゾーンと、南側の食べものゾーンに分かれています。衣料品なら、1にパンツ（下着）、2にパジャマ。上質な綿100％のパンツやパジャマがホントにお買い得なんです。特にパジャマは頬ずりしたいくらい、サラサラの気持ちよさ。ボトムだけも売っていて、私は真冬以外はいつもはいています。昭和な花柄も愛おしい。何度洗っても気持ちよさは継続していて、80歳の母も台湾パジャマの大ファン。衣料品ゾーンの出口にある、「オリンピックベーカリー」では、ふわっふわの蒸しパンやパイ生地で包まれたカステラが待っています。未曽有のふわふわ体験をぜひ。小さな切り落としも売っています。逆側の食べものゾーンでは、入り口の「大家美食愛玉」で愛玉子や仙草ゼリーとひと休み。奥に並ぶ食堂もそそる店ばかりです。

Data
台北市中正區武昌街一段と阮陵街の間
店により異なる

> この香りを素通りできる人はいないはず。台北版 絶品、酒かす饅頭。 Map P.29

5 陳記京滬酒釀餅
チェンジージンフージゥニャンビン

area A 台北駅と艋舺龍山寺界隈

城中市場の食べものゾーンを抜けると、その香りがふわ〜っとやってきて、もう離れられなくなる。香りの主は、酒醸たっぷりの蒸し饅頭の屋台。「酒醸」は、蒸したもち米に米麹を加え低温発酵させて作られる、甘酒をもっと濃厚にしたようなもの。このおかげか、むっちむち、ふっわふわに膨らんだ生地がすごい！具は甘くないなら「菜脯豆干」、甘みありは「緑豆沙」がおすすめ。冷めないうちに食べよう！女子3代でつないでいる店。運がよければ、ご利益がありそうな初代のおばあちゃんに会える。

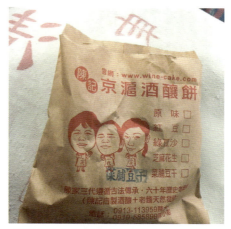

★重慶南路一段にある台北重南郵便局の目の前に「陳記京滬酒釀餅」の屋台。

DATA
台北市中正區重慶南路一段48號
🕐12:00〜19:00（無休）

> 地下も地上もお店がずらり、台湾国内旅の拠点。 Map P.29

6 台北駅

ここまで来たら台北駅もぐるりと散歩してみて。地下街にも2階にもさまざまな店があり、大きな吹き抜けの周りには、おみやげにぴったりの菓子の名店がずらり。台鉄や高鉄に乗って、小さな1DAYトリップ、したくなります。

DATA
台北市北平西路3號

Map P.29

身体によさそう&今の台湾を感じるおみやげが充実。

7 天和鮮物
ティエンフーシエンウー

　ここですべての買い物が済む？　と思うくらい、台湾の最前線な食のおみやげがそろいます。有機栽培でパッケージも秀逸なお茶やドライフルーツ、豚の餌にまでこだわった無添加の肉髭、有機の豆鼓や豆腐乳など。米粉100%のビーフンや無添加のインスタント麺も充実しています。また喫茶スペースでは、名物のフレッシュな野菜たっぷり酵素ジュース「酵素精力湯（天和版青汁）」もいただけます。ひと息ついてじっくりお買い物を。

DATA
台北市中正區北平東路30號
🕙 10:00〜21:00／
土・日曜9:30〜（無休）

Map P.29

善導寺駅の出口から10歩！ 最高便利なホテル。

8 HOTEL COZZI 台北忠孝店
タイペイゾンシャオディエン

　MRT善導寺駅の6番出口から出るともうホテルは目の前。2階に宿泊客なら誰でも利用できるラウンジがあり、コーヒーも自由に飲める。早く着いたらここでひと息入れたり、集まって"旅会議"も。バスタブのある部屋も多く、クリーンで機能的。コンセントも充実。1階はスターバックス。台北駅や週末に開くファーマーズマーケット「希望廣場」、「華山1914文化創意産業園区」も散歩圏内。便利サイコー！　なホテルです。

DATA
台北市中正區忠孝東路一段31號

台湾素食の底力を感じる、私的ナンバー１精進料理。

Map P.29

area A 台北駅と艋舺龍山寺界隈

9 祥和蔬食精緻料理
シャンフーシュウシージンヂーリャウリー

肉厚なやまぶしだけ、食べ応えのある湯葉に干し豆腐、弾力あるぷりっぷりのきくらげ、みごとなうまみの昆布。よき食材と、綿々とつながれてきた精進料理の腕が相まって、ここには"何かの代わりではない"滋味深き菜食（ベジタリアン）料理があります。中華なら使いたい五葷（ネギ、ニラ、ニンニク、ラッキョウ、タマネギ）は素食ではご法度。それでも、食感の工夫や組み合わせの妙で、時にパンチもあって飽きさせません。何しろこちら、珍しい四川料理の素食。しっかり麻辣なワンタン「紅油炒手」や、シンプルな生の白菜がなぜか後を引く「松柏長青」、上等なきのこならではの噛み応えがたまらない「三杯猴頭菇」など、印象的な料理が目白押しです。土鍋料理とスープもぜひ。滞在中、一度は食べてほしい台湾素食。最初の出合いがこの店なら、言うことなしです。

★「ミシュランガイド 台北 2018 年」ビブグルマンにも選出。予約がおすすめ。南京復興駅近くに支店あり。

DATA
台北市中正區鎮江街１巷１號
🕐 11:00〜14:00、17:00〜21:00（無休）

Next Recommend
まだあるおすすめ

―{ 小吃 }―
飯糰霸
ファントァンバァ

1日中、行列が絶えない ゆる巻き系の台湾おにぎり。

カスタマイズ弁当ストリート（P.15）から近い。MRT台北駅の8番出口を出てすぐの公園路沿いにある、小さな飯糰屋さん。いつも行列ができているのですぐわかるはず。ここは、ゆるめの巻き方で、ごはんがっつり。そのごはんが絶妙な硬さでうれしいうまさ。22時半までやっているので、朝食べ損ねた方もぜひ！

DATA
台北市中正區許昌街2號
⏱ 6:00〜22:30（日曜休み）

Map P.29

―{ サンドイッチ }―
金花碳烤吐司專賣
ジンファータンカオトゥスーデュアンマイ

ビジュアル系で、味もよい、と言えばココ！

西門駅近くの若者ストリート裏手にある、大行列のトーストサンドイッチ屋さん。インスタ映えするビジュアル系の中でも、ダントツに味がいいのが行列の理由かも。チーズのとろけっぷりもたまりませぬ。多かれ少なかれ並ぶので、オーダーして番号札を受け取ったら、目の前にあるレトロな生活雑貨屋さんをのぞくのが私の定番。メラミンの皿やシンプルなレンゲなど、懐かし風味のものが見つかります。

DATA
台北市萬華區內江街17號
⏱ 8:30〜15:00（月曜休み）

Map P.28

―[小吃]―
建宏牛肉麵
ジエンホンニョウロウミェン

**牛肉麺激戦区で人気を誇る
24時間営業のうれしさよ。**

もうすぐ淡水河という西の端、洛陽街の通称
"牛肉麺ストリート"にある人気店。台湾の牛
肉麺は肉が硬めのものが多いけど、こちらは
ほろりと崩れる系で好き。おすすめは、「綜
合麺」＝定番の牛肉スープに赤身の牛肉と内
臓部分の両方が入った麺。麺は太さが選べる
のでお好みで。大中小、とサイズが選べる
から、お椀の大きさを見て決めよう。テー
ブルに置かれた辛い醤や黒と白の酢、トッピン
グの漬物を足して変化させながら食べるのが
楽しい。

Data
台北市大同區西寧南路7號
🕐 24時間（無休）
※24時間営業ですが、女子ひとり、夜に徒歩
で行くのはおすすめしません。

Map P.28

area A 台北駅と艋舺龍山寺界隈

―[かき氷]―
楊記花生玉米冰
ヤンジーファーションユーミービン

**昔ながらの甘味屋さんでは、
トウモロコシのかき氷がおすすめ。**

エアコンもなく、学校帰りに学生君たちがわ
いわい食べていたりして、和みます。塩味の
トウモロコシがのったかき氷に、なぜかあん
こが合う。建宏牛肉麺から歩いて行けるスイ
ーツです。

Data
台北市萬華區漢口街二段38號
🕐 11:00〜22:00（無休）

Map P.28

21

―| カフェ |―
Simple Kaffa Flagship 興波咖啡
シンボーカーフェイ

珈琲のおいしさにはっとする、
モダン台北カフェ。

扉を開けると別世界。1階はコーヒーの香り、サイフォンの音、高い吹き抜け、味のあるレンガ壁、木漏れ日が入る1枚板のテーブル、ささやき声。2階はシックなソファ、窓から見える木々、広々とした贅沢な空間。集まる人もおしゃれピープルで、台北最先端をじわっと静かに感じます。ここは、World Baristaチャンピオンシップで1位に輝いたこともある、台湾珈琲界をけん引してきたバリスタ、Berg Wu（吳則霖）氏のお店。いやはや、本気で珈琲がおいしくて、びっくりしました。時間をかけて入れてくれるハンドドリップが

おすすめです。歩き疲れた午後、時間を忘れてまったりするのもよし、朝の始まりにモダン台北をあえて選んでみるのもよし。そうそう、トーストも工夫されていておいしいのだ。HOTEL COZZI 台北忠孝店（P.18）からも歩いてすぐです。

DATA
台北市中正區忠孝東路二段27號
🕘 9:00〜18:00（無休）

Map P.29

── [甘 味] ──
阿斌芋圓
アービンユィーユエン

★ほど近い「樹德百貨批發」は帽子の問屋さん。デザイナーっぽい夏の麦わら帽子がお手頃価格で買えたりする。

「湯圓がおすすめだよ」と、お父さんは言った。

台北駅の北側には、昔ながらの商店や問屋さんが並ぶ。整備されすっかり様変わりした西門側とは対照的に、細い路地や小さな市場も。そんな路地のひとつにある、お父さんが作る甘味屋さん。豆花や冷たいお汁粉、手作りの湯圓（白玉）がおすすめ。私は店内で食べていたら、お父さんが配達に行ってしまって、置いていかれたこともあり。のどかです。

DATA
台北市大同區長安西路220巷5之1號
🕙 10:00〜16:30（日曜休み）

Map P.29

── [お 茶] ──
八拾捌茶輪番所
バーシーバーチャールウェンファンスウオ

台湾蜜香紅茶、阿里山烏龍茶、味見させてもらって好きなお茶を。

日本統治時代、本願寺だったところをリノベーションして生まれた、すてきな台湾茶のお店。奥にある当時さながらの広い畳敷きの部屋はカフェになっていて、正しく丁寧に入れられた台湾茶がいただけます。ここのよさは、茶芸館よりぐっとカジュアルなところ。気になるお茶があったら店頭ですぐに味見させてくれて、気後れすることなく好きなお茶が探せます。パッケージもほどほどに大人かわいく、かつモダン。日本語が上手なスタッフもいて安心です。

DATA
台北市萬華區中華路一段174號
🕙 11:30〜21:00（無休）

Map P.28

──[観 光]──
艋舺龍山寺
バンカロンシャンスー

台北市内では最古の寺院。
たくさんの神様がみんなの願いを
受け止め、背中を押してくれる。

一心にただ祈る人。赤い小さな半月型形の木の札「拝拝（バイバイ）」を、何度も投げて願う人、占う人。お供えをささげる人。私たち観光客はいわば門外漢。でも、神頼みと暮らしの近さに、少しの驚きと感動を覚える。
台湾の神頼みは、現世利益、今すぐの幸せ、喜びを求めていて、気持ちいいなーといつも思う。神様が迷わないように、祈るときにはまず、名前、住所を言う。相手がいる願いなら、具体的な相手の名前、住所も。「〇〇の病気を治してください」「〇〇さんと結婚したいです」「絶対浮気しない、お金持ちで優しい医者と結婚したいので私の前に登場させて」とか（一例です）。かなり具体的に願う。そのためには、自分の気持ちが固まっていなければならない。一心に長時間祈る人を見ていると、信頼する神様の前で、自分はどうしたいか？自分に問いかけているのかなと思う。
おみくじも、赤い拝拝を投げて、表裏が2回連続で出るまで引けない。次にやっとおみくじの番号が書かれた木の棒を引いても、「本当にこれでいいか？」自分に聞いてから、やっと引くという。なんだか、自分で決めて、神様に背中を押してもらうようで、いいじゃないですか。

龍山寺は1738年、福建省から来た人々により創建されたそう。御本尊は「観世音菩薩」だけど、多くの台湾の寺もそうであるように、

area A 台北駅と艋舺龍山寺界隈

儒教の始祖孔子や関帝（武将関羽、今は主に商売の神様として）、媽祖（航海の神様）なども祀られている。台湾のみなさんは、自分の目的にあった神様を見つけて祈る。ちなみに、良縁の神様「月下老人」は、本殿裏側に並ぶ神様の19番目にいらっしゃいます。
私は初めて来た30年前、台北の知人から、入り口（龍門）は左足から入る、敷居は踏まないように、と注意された。今もそれだけ守っている。

DATA
台北市萬華區廣州街211號

Map P.28

25

―[かき氷]―
龍都冰果專業家
ロンドゥービングオジュアンイエヂア

1920年創業の老舗。
いつもにぎわう、台北を代表するかき氷。

一見、普通に見える氷、作り方もなんともレトロなマシンで普通？ しかし、きめ細かくしっとり。これぞ老舗たるゆえんか。ここでは「八寶冰」を頼まずして帰るなかれ。紅豆（アズキ）、金時豆、緑豆、花生（ピーナッツ）、タロイモ、白玉、芋丸（白いタロイモ団子）、脆圓（ピンクのタロイモ団子）の8種が氷の上に！ 歓声が上がる！ たとえひとり旅でも。もうひとつ私が好きなのが「酸梅凍冰」。甘酸っぱい梅シロップたっぷりの大人味。トッピングも豊富で、マンゴー氷にプリン！ もかなう。

DATA
台北市萬華區廣州街168號
🕐 11:30〜翌1:00（無休）

Map P.28

―[小吃]―
福州元祖胡椒餅
フーヂョウユエンズーフージァオビン

ともかく焼きたてを頰ばって。
まじめな胡椒餅。

素朴な厚めの皮はきっとずっと変えていないレシピなんだろうなと思う。少し甘めの肉だねは胡椒とすごく合います。福州は福建省の州都。元々、台湾には福建省からやってきたという人が多い。そしてわが故郷の長崎にも多い。この甘さは私にとっては故郷の中華街の味でもあるのです。龍山寺へお参りに行く前に予約をして行くのがおすすめ。

★龍山寺駅3番出口から近い、細い路地に。個数を伝えお金を払うと番号札をもらえます。焼き上がりの時間も聞いて。

DATA
台北市萬華區和平西路三段
89巷2弄5號
🕐 5:30〜11:30（第2・第4日曜休み）

Map P.28

26　歩いてまわる台北5エリア

―{ 甘味 }―

珍果冰果室
ゼングオビングオシー

**ご近所の常連紳士と、
とろみ醤油で絶品トマトを。**

華西街はちょいとタイムスリップした感を覚える妖しげなアーケード、と言うと怒られるだろうか。もともとは台北の玄関口で、70年代は公娼街、今は観光地。そこでご近所の紳士に長年愛されているのがここ。店主が見て、触って市場で厳選してくる果物はピカイチ。暑い日はかき氷のっけ、そうでない日は盛り合わせを。添えられている甘草粉もオリジナル配合なんですって。「薑汁番茄（ジンジャートマト）」も必食。きめ細かい砂糖、刻みたての生姜、醤油膏（とろみ醤油）で、さっぱりした野生味のあるトマトを食べる、不思議なおいしさです。私的ナンバー1のスイカジュースもぜひ。

★ほとんどが50元前後。信じられない良心的価格も魅力。

DATA
台北市萬華區華西街113攤
🕐 13:00〜翌1:30（不定休）

Map P.28

―{ 甘味 }―

萬華仙草冰
ワンフアシエンツァオビン

夏は仙草ゼリー、秋冬は焼仙草を。

仙草好きなら、龍山寺から散歩がてら仙草一筋の専門店へ。夏は「仙草凍（仙草ゼリー。ミルク入りは「仙草奶凍」）、冬は「焼仙草（仙草を煮出した汁を煮つめたもの）」を。強めの甘さに癒され、漢方が身体に効く気が。気管支にもよいと言われています。

DATA
台北市萬華區艋舺大道138號
🕐 10:00〜19:00（無休）

Map P.28

area A 台北駅と艋舺龍山寺界隈

Map

台北駅と艋舺龍山寺界隈

ある朝、二二八和平公園で、
「なにも知らなかった、ごめん」と思った

ふと、二二八って何だっけ？
と思った、あの朝。

　ほかほかの朝ごはんを持って、嬉々として二二八和平公園に行き、青空のもと頬張っていたとき、ふと、二二八って何だっけ？と思った。ひとり旅だったこともあり、その場でググって、気がついたら2時間近くがたっていた。

　無知な私は、台北で毎日美味しいものを食べているだけで、何も知らなかったのだ。二・二八事件も、長い長い戒厳令のことも知らなかった。日本統治時代が50年もの長きに渡っていたことさえ知らなかった。

　いいのか、おいしいってだけで？

　ごめん。それから、台湾についての本を読みあさり、映画を見まくった。

台湾をもっと知りたい。

　はじめに読んだのは、民主化に大きく舵を切った李登輝元総統の『新・台湾の主張』（PHP新書）と、『街道をゆく 40台湾紀行』（司馬遼太郎 著／朝日文庫）だ。そして歴史を詳しく知りたくなり、『台湾―四百年の歴史と展望』（伊藤潔 著／中公新書）と、『台湾―変容し躊躇するアイデンティティ』（若林正丈 著／ちくま新書）を。

　台湾がここまでの過酷な運命を強いられてきたことに衝撃を受けた。権力に翻弄され、涙も枯れるような辛苦を生きのびた市井の人たちを思うようになった。1945年、日本の敗戦により中華民国に光復（祖国に戻る）し、1949年、その中華民国そのものが台湾にやってきた。台湾で迎えた側（本省人）と、台湾へ来た側（外省人）、両方の哀しみ苦しみ。ここにはひとりひとりに、全く違うファミリーヒストリーがある。しかし共生し、繁栄している。もしかして奇跡の地？

　知るほどに、考えるほどに、台湾が好きになった。私に台湾のことを教えてくれた本の中からいくつかを紹介したい。気になった1冊を、台湾旅のお供にするのもよいと思う。

『台湾物語「麗しの島」の過去・現在・未来』
（新井一二三 著／筑摩選書）

台湾のこれまでと今、を7つの視点から読むことができる。1冊目に迷わずおすすめしたい。歴史、政治、信仰、建築や文化創造、映画、食、まんべんなくだが、深く描かれている。淡々とした書きぶりの底に、台湾への強い愛を感じてやまない。私は、著者の中国語での著書のタイトル『なぜ台湾は私を泣かせるのか』に、勝手に強く共感している。

寝るまえに読む
コラム ❶

『台湾とは何か』
（野嶋剛 著／ちくま新書）

朝日新聞で台湾や中国のことを伝えてきた著者が、取材を通して見た今の台湾とこれからが書かれている。分析が緻密で読みごたえがある。紹介されていたこんなエピソードが興味深かった。台湾観光中、中国のカリスマ作家がタクシーに携帯を忘れて絶望していたら、「タクシー運転手がホテルに携帯を届けにきた」と連絡が入る。帰国後、作家は「他の華人社会とは比べようがないほど素晴らしい」とエッセイに書いた。
「数日滞在すると、拝金主義、競争社会の中で他人を信じない文化が定着した中国では考えられない優しさを、同じ顔、同じ言葉をしゃべる台湾人の中に見出すのである」と野嶋氏は書いている。

『自転車泥棒』
（呉明益 著、天野健太郎 訳／文藝春秋）

日本統治時代は50年。これは一人の人生の大半を占める長さだ。日本の教育を受けて育ち、戦中は日本にいた父と、中華民国になった台湾で生まれ育った息子。価値観も、文化も、何より言葉も通じず、互いを深く理解できない親子、家族が描かれる。それは著者の父へのオマージュのようだ。ある日、忽然と消えた無口な父と自転車。その自転車が見つかった？ ところから物語は始まる。台北駅前にあった中華商場の様子や街の描写もいい。読後、私は、お年寄りの日本語を聞くと、ほんの少しの哀しさを感じるようになった。前作『歩道橋の魔術師』もぜひ。

『流』
（東山彰良 著／講談社）

1975年、台北。大陸から来た外省人の祖父が殺される。孫である主人公は犯人を探す。それが自身のルーツをたどる大陸への旅につながっていく。激動の歴史の中を生きのびた一家、3世代の軌跡。鮮烈でついつい寝るのも忘れて読み急いでしまう。万華区、龍山寺あたりの70年代の公娼街や、迪化街、台北の街がドライブ感をもって描かれている。

『台湾海峡一九四九』
（龍應台 著、天野健太郎 訳／白水社）

外省人であり、台湾を代表する人気作家による大作。台湾の戦後について知ると、つい外省人対内省人という構図で考えがちだが、そこにガツンと強いパンチを入れてきたのがこの本。台湾がどこかも知らず、さしたる信条もなく、内戦の果てに台湾に"来てしまった"市井の人々の試練や哀しみをこの本で初めて知った。翻訳者の故・天野健太郎さんは「本書の特異さは、外省人である作者が、1949年に台湾へ連れてきた国民党政権（と軍）を、戦後台湾を権力と暴力で支配した強者としてだけではなく、故郷を失ったひとりひとりの弱者として描いたことにあり、さらに受け入れた側の台湾人の痛みも描いたことに価値がある」と書いている。ひとつの物事を、さまざまな立場から見ることの深い意味を教えられた。

area B

大稻埕・迪化街、中山・雙連
ダーダオチェン

ザ・台北の新旧

....

**19世紀から栄えた大稻埕、今、華やかな中山、
どちらも台北らしい新&旧を歩こう。**

　台湾茶葉は、清朝末期からすでに海外への輸出が始まっており、オリエンタルビューティー（東洋美人）として人気だった。この茶葉貿易で栄えたのが淡水港のある「大稻埕」だ。その後も、内外からよきものが集まる"裕福な商人の街"として発展してきた。贅沢なバロック風装飾がある建物、台湾全土にあるという商店の軒下を連続させ歩道にした台湾式アーケード（亭仔脚）も、迪化街は特に美しい。

　乾物や漢方薬がずらっと並ぶ通りから2分も歩けば、ふ頭に出られるので、散策の途中で淡水河を眺めるのもいい。

　一方、戦前までは住宅街だったという中山駅あたりには、今は百貨店やブランドショップが集まる。裏手には、"その次の流行"が醸成されている赤峰街もある。

　いずれも台北らしい、タイムスリップしたような通りと、旬顔の街の新旧を歩こう。

area B Model Route

朝市から、旬の赤峰街＆不動の人気・中山で買い物、
老舗で台湾料理、文壇バーでワイン。味わい尽くしながら歩こう！

Start
1
雙連朝市

早起きして、8時半ごろ
には向かいたい。
歩きながら食べたい、
フルーツや
生ジュースを物色。

2
高家素食

朝ごはんのはしごも
台北ならではの楽しみ。
まずは軽めに
野菜たっぷりの
おかずを。

3
雙連高記手工水餃／三五水餃

2からは歩いて2分ほど。
つるっと水餃子を。
イケます。

4
信成油廠股份有限公司

3から大通りを渡ればすぐ。
味見をさせてもらいながら、
ごま油や、ねりごまを
買おう。

5
現烤蛋糕 大川本舗

カステラはホテルで食べる用に。
最終日ならおみやげとしても。

6
雙連圓仔湯

やっぱり食べたい甘いもの。
お店は清潔で広いからうれしい。
トイレ休憩にも。

12 明福台菜海鮮

中山北路を歩いて20分ほど。予約して、名店のスペシャルなスープをぜひ味わって。

Last 13 茴香

夜の締めくくりには、**12**から歩いて10分ほどのシックなバーで大人の時間を。

11 61 BEER

アペリティフにクラフトビールを。お茶より、ビール♪な方はこちらで。

10 Smith & Hsu

歩いて5分。モダンなお茶を買いに。ふかふかのソファでまったりするのもよし。

9 誠品生活南西店

今の台湾がわかる、おみやげを探しに。地下へ下りると「誠品R79」。

8 貨室甜品

歩き疲れたら、ぜひ立ち寄りたい。夏なら、甘さひかえめ大人味のかき氷を。

7 赤峰街

6から歩いて7〜8分で到着。台湾メイドの素敵なものが多いから、自分へのごほうび探しも。

area B 大稻埕・迪化街・中山・雙連

一日の始まり、食いしん坊は朝市へ。

1 雙連朝市
シュアンリエンザオシー

　朝市♡　それは食いしん坊には甘美な響き。だって、必ずおいしいモノがあるところだから。

　300mほどの市場通りにずらっと並ぶフルーツや野菜。特に旬の台湾フルーツ、6月ごろのライチや夏のマンゴー、冬の蓮霧（レンブ、ワックスアップルとも。酸味があるみずみずしい梨のよう）はここで買って、楽しんでください。

　私が必ず寄るのは、焼き芋（夏はトウモロコシ）とおこわの店。焼き芋は、市場通りのちょうど真ん中あたりの角にある店で。地元の人の選び方をよく見て習い、食べどきのほくほくねっとり甘～い芋を。小ぶりで食べやすいのがまたよし。夏は、蒸したてのトウモロコシも。

おこわは、「養生の家」。甘い赤米のなつめ入りと、肉野菜入りがあります。どちらも絶品。ともに雙連駅を背にして右側にあります。「名心鵝肉」というガチョウ肉店は、盛大にゆでられるガチョウと行列が目印。もし時間と勇気があれば、買って帰ってホテルで食べてみて。行列の理由がわかるおいしさです。

　市場通りに面して建つ廟「文昌宮」で、旅の無事とおいしいものへの感謝を伝えるのも忘れないようにしています（学問の神様ですけどね）。

36　歩いてまわる台北5エリア

area B 大稻埕・迪化街・中山・雙連

Map P.61

★生活雑貨も充実しているこの市場。日替わりで出る店の中には、たいへん着心地のよいパンツ（下着）や、夏にはきたいカットレースのイケてるボトム、サラサラ生地のスカートなどもあって、着心地命！の私たち世代におすすめ。

Data
台北市中山區民生西路45巷
 8:00〜13:30頃（無休）
MRT雙連駅2番出口を出たらすぐ。

近所なら毎日通いたい。健やかで正直な朝の菜食。

Map P.61

2 高家素食
ガオヂアースーシー

雙連市場の笠 智衆(りゅう ちしゅう)（昭和の名優）と私が勝手に呼ぶお父さんが、お店の前で笑顔で待っていてくれます。好きなおかずを選んで皿に盛り、雑穀米か白米を選ぶスタイル。ここの厚揚げ、湯葉（日本と違って分厚い）、豆腐の炊いたんのおいしいこと。やや高齢の元気そうな常連さんが市場のにぎわいをよそに静かに味わう姿を見ると、「身土不二」なんて言葉が浮かびます。こんな精進料理なら毎朝食べたい。

★雙連市場の路地にある。お弁当にして持ち帰ることもできます。

Data
台北市中山區民生西路45巷9弄4號
 7:00〜16:00（月曜休み）

水餃子と酢っぱくない酸辣湯、するっといけます！

3 雙連高記手工水餃／三五水餃
シュアンリエンガオジーショウゴンシュイジャオ／サンウーシュイジャオ

Map P.61

　隣同士に似たような店が？　そうなんです。どちらに入ってもメニューは同じ。ここではとにかく水餃子と酸辣湯を。「もう食べられない」と思っていても、するっと入る不思議な水餃子です。
　お供の酸辣湯は、「え？」と思う、想定外の酸っぱくない、辛くない、優しい味なのでブランチにぴったり。こんな抜群に「好吃！（おいしい）」な水餃子が365日、気負わずに食べられるのが台北だな、としみじみ。

DATA
台北市大同區民生西路17號
雙連高記手工水餃 ▶16:15〜23:00／
　　　　　　　　日曜 9:00〜21:00(土曜休み)
三五水餃 ▶8:30〜16:00(日曜休み)

ごま油、芝麻醤。癖になる"濃厚ごま"を求めて。

4 信成油廠股份有限公司
シンチョンヨウチャングーフェンヨウシエンゴンスー

Map P.61

　デパートの地下などでも目にしますが、雙連市場に来たなら本店へ寄ってみて。全種類そろっていて、味見をしながら購入できます。おすすめは、「芝麻香油(白ごま油)」か「黒麻油(黒ごま油)」。原料の黒ごまと白ごまの違いは、種子の外皮の色。黒ごまは皮が厚く、黒い色はポリフェノール色素由来だそう。いずれも焙煎して作られた香り高い油ですが、白より強めの味がする黒をよく買います。ただ、白と言っても太白(香りがほとんどしない)とは違います。瓶モノで重いのが難点ですが、余裕があれば、「芝麻醤(ねりごま、白と黒あり)」と「花生醤(ピーナッツペースト)」も。惜しまず使えておいしいです。

DATA
台北市大同區民生西路96號
▶9:00〜19:30(日曜・祝日休み)

いつまでも触っていたい。"ふわふわ"に自制心を忘れるカステラ。

Map P.61

5 現烤蛋糕 大川本舗
シェンカオダンガオ　ダーチュアンベンプー

　私は長崎人なので、「カステラにはうるさいよー」とか言いながら食べたこのカステラ。それは長崎カステラとはまったく別のものでした。とにかく、ふわっふわっ、ふんわふんわです。甘さはひかえめ、さすがの台湾スイーツ。食べてみるとむっちり感もアリ。いくらでも食べられる！ おそろしい子？ おすすめは、スタンダードの原味とチーズ。ハーフサイズも買えます（念のため）。

DATA
台北市大同區民生西路103號
🕙10:00〜21:00（日曜休み）

50年を超え愛される絶品スイーツ。

Map P.61

6 雙連圓仔湯
シュアンリエンユェンツータン

　ここの焼麻糬には、心底、参りました。どこまでも伸びそうな、優しくやわらかくきめ細かい餅。聞けば、丁寧な昔ながらの方法で餅をこね、低温の油で15分ほど煮て油を切り、黒ごまやピーナッツパウダーをまぶすのだそう。なんとデンジャラスなスイーツ。なのに、ぺろっといっちゃう！ 見渡せば、ほとんどの人が注文しています。その他、ぜんざいや、ピーナッツスープも美味。白きくらげをトッピングして、美容への気配りも忘れずに（苦笑）。

DATA
台北市大同區民生西路136號　🕙10:30〜22:00（無休）

昔ながらの車の整備工場街は、旬でヒップな台北。

7 赤峰街
チーフォンジェ

　繁華街、中山の裏の小さな車の整備工場が並ぶエリア「赤峰街」に、今どきなカフェや雑貨店が点在しています。2015年頃からぐぐっと増殖中。
　ひと昔前と最旬、ひとつの通りに両方があるからこその、味わい。それに、マニアックな車の部品を触るランニングシャツ1枚のおじさんと、ヴィンテージの革ジャンを探しに来た若者の間で、所有欲とか金銭的成功を追求しない価値観が、期せずして共有されている、そんなサードウエーブ的ヒップさも感じるのです。
　「みんな違ってみんないい」っていう、人に寛容な台湾の心地よさも漂っていて、いつまでも座ってぼんやりコーヒーを飲んでいたくなる。真逆のバブル時代を経験した私たち世代に、優しい風が吹く赤峰街です。

◀小日子商号 赤峰3号店

『小日子』という、アメリカの『KINFOLK』ばりにかっこいいライフスタイル誌を出していて、それを体感できるセレクトショップ。オリジナルのノーカラーの白シャツを、私は仕事の勝負服にしています。

DATA
台北市大同區赤峰街22號
🕙 11:00〜19:30(無休)

▲香蕉猫

ヴィンテージやセカンドハンドの服、雑貨が並ぶ。東京にもある? ようでない。絶妙なセンス。

DATA
台北市大同區赤峰街
49巷11號
🕛 12:00〜21:00(無休)

◀小器赤峰28

メイドイン台湾の小さなガラスのコップ、台湾作家さんの器など。

DATA
台北市大同區赤峰街28之3號
🕛 12:00〜20:00(無休)

area B　大稻埕・迪化街、中山・雙連　Map P.61

41

鉄観音シロップに手工蒟蒻って？ 大人っぽくあか抜けた甘味。

Map P.61

8 貨室甜品
フオシーティエンピン

赤峰街の一角に2018年5月にオープン。メニューを見ると伝統的な台湾スイーツが並ぶ。紅豆、湯圓、地瓜圓（サツマイモ団子）、芋圓（タロイモ団子）がトッピングされたかき氷や、お汁粉。ところが、これらに自家製の花生醤（ピーナッツバター、というよりクリーム）や鉄観音シロップや薏仁（ハトムギ）が組み合わされると、なんともあか抜けた味わいに。タピオカではなく「手工蒟蒻」というこんにゃくのゼリーだったりするのも、大人にはうれしい。

なかでも、きりっとした味わいの「重焙火で鉄観音氷」と、クリーミーで濃厚、ピーナッツ感200%の「お薦めのかき氷」は必ず味わってほしい。私は花生醤マニアなので、買って持ち帰りたい味でした。

DATA
台北市大同區赤峰街71巷34號
13:00～21:30／土・日12:00～（月曜休み）

2時間でごほうび&おみやげを買うなら。

9 誠品生活南西店
チェンピンションフォーナンシーディエン

Map P.61

area B 大稲埕・迪化街・中山・雙連

台湾のイカす雑貨や食材がそろう、誠品生活。中山駅からすぐのこの店と、台北101や微風南山に近い誠品信義店のどちらかに行けば、今の台湾で人気のものが効率よくチェックできます。時間が限られた旅では、こんな場所ってありがたい。

ここ南西店には、4階に「神農生活×食習」があり、台湾クラフトや、昔ながらのキッチンツール、有機材料で作られた調味料（豆腐乳や豆鼓も）、無添加の麺などがそろいます。ひと味違う神農生活版ナイロンバッグもかわいい。同じフロアの金品茗茶によるカフェ「金品茶語」では、"良縁"とか"円満"というネーミングのお茶BOXがおすすめ。おみやげにしたら話が盛り上がりそう。もちろんおいしいお茶もいただけます。

その他のフロアにも、台湾のデザイナーさんによるアクセサリーや、Tシャツ、雑貨も充実しているので自分へのごほうび探しもぜひ。

DATA
台北市中山區南京西路14號
専門店
🕐 11:00〜22:00／金・土〜22:30（無休）
＊一部ショップ 7:00〜24:00
書店
🕐 11:00〜22:00／金・土〜24:00（無休）

28種類の茶葉から、今の気分の1杯を。

10 Smith & Hsu

　モダンで落ち着く店内。運ばれてくる28種の茶葉は壮観。単一茶葉とオリジナルブレンドがあり、すべての香りをかいで、気分に合うお茶を選びます。しかもタイマー付きの美しいガラスのティーサーバーで、正しく入れて、おいしくいただけます。ああ、贅沢。すっぽり包み込まれるようなソファで時間を忘れてしまいそう。もちろん茶葉も、スタイリッシュな缶といっしょに購入できます。

Data
台北市中山區南京東路一段36號
🕐 10:00〜22:30（無休）

アペロに1杯。気楽によって台湾クラフトビールを。

11 61 BEER
リュウイー

　8タップのドラフト（生ビール）も、ずらっと並ぶボトルも、すべて台湾ビール。かわいいロゴが入った日本製の軽やかなグラスで、我愛台湾、乾杯！

Data
台北市大同區南京西路64巷10弄6號
🕐 12:00〜21:00（月曜休み）

44　歩いてまわる台北5エリア

手間も時間も惜しまない、ここでしか食べられない味を求めて。

Map P.61

12 明福台菜海鮮
ミンフータイツァイハイシェン

area B 大稲埕・迪化街・中山・雙連

食いしん坊の台湾の友が教えてくれました。必食なのが「佛跳牆」。通称「ぶっとびスープ」。菜食の僧侶も修行を捨て、壁を跳び越えて食べに来ると言われる具だくさんの福建料理のスープです。

台北のお正月＝春節の直前に料理教室を開催したとき、多くの方が大みそかには家族でこれを食べる、と教えてくれました。ただし、家で作るのはムリだから買う、と口をそろえます。作り方を聞いて納得。鶏を2時間以上じっくり煮込む。フカヒレ、干ししいたけ、ほたて、冬虫夏草、たけのこ、松茸などを1昼夜以上かけて戻す。鶏の睾丸、豚足、あわび、豚の胃袋なども加えて、5時間以上じっくりと煮る。うーむ、食材もすごい。

こちらでいただいた佛跳牆は、香りが素晴らしい。上湯のように澄んでいて、上品。ひとくちで寿命が延びた気がしました。他の料理にも、手間を惜しんでいない料理人のプライドを感じます。予約必須ですが、せっかくの台湾、せっかくの旅、ぜひ味わってください。

★ディナーの席は4週間前までに予約したほうがよい。佛跳牆は3日前には予約を。

DATA
台北市中山區
中山北路二段137巷
18號之1
🕐11:30〜14:30、
18:00〜21:30（無休）

ワインもハイボールもクラフトビールも洗練のセレクト。

Map P.61

13 茴香
フィシィアン

「台北の文壇の方々や学術関係者がひそかに集うバーがある」と教えてくれたのは世界で活躍する台北在住の編集者エミリー。

古いビルの階段を上ってドアを開けると、そこは古き良き70年代を感じるシックな空間。流ちょうな日本語と英語を操るクールビューティなマダムは日本へも留学していた才媛。だけど気取りがなく、あふれるユーモアのセンスに、すっかりくつろいでしまいます。

ふとカウンターの奥を見ると並ぶ、谷崎潤一郎や魯山人の書籍。ここはどこ？ 旅の夜、旅にいながら、旅を忘れる、そんなバーで、台北の夜が更けていきます。

DATA
台北市中山區中山北路二段59巷2號2樓
🕒 17:30〜24:00（不定休）

area B
Model Route II

古いレンガの街並が残る奥迪化街。1800年代から茶葉貿易で栄えた、台北の粋な旧市街大稲埕を歩こう。

area B　大稲埕・迪化街・中山・雙連

Start
1 賣麵炎仔 金泉小吃店
地元民でにぎわう小吃店。朝いちばんだけのメニューあり。9時半までには到着しよう。

Last
10 寧夏夜市
食べる夜市ならここ。9から歩いて5分がうれしい。

2 永興農具工廠
すてきな竹製品やカゴを。向かいの通りには、肉ジャーキーの老舗「江記華隆」。なんと厚さ0.2㎜！

9 Play Design Hotel 玩味旅舎
夜はにぎやかな寧夏夜市になる通りを12〜3分歩いてホテルへ。現代アートに囲まれて日暮れまでちょっと休憩。

3 阿嬤家 Ama Museum

8 林華泰茶行
歩いて5分でお茶の卸問屋さんへ。お得にいろいろな茶葉を購入。

4 高建桶店
もはや定番、漁師網のバッグ。買ったら荷物を入れてさっそく使っちゃおう。

7 大稲埕慈聖宮とその周辺屋台
珍しい中華線香の問屋さんなどを見ながら、6から歩いて6〜7分。わいわい外で食べて笑って！

6 泉屋食品行
麺の品ぞろえがピカイチ！米粉100%のビーフンをお忘れなく。

5 百勝堂薬行
ここでは、乾物を本気で物色！クコの実をぜひ。

47

Model Route II

変わらない味、台北の味。地元っ子イチ押し！

Map P.60

1 賣麵炎仔 金泉小吃店
マイミェンイェンザイ ジンチュエンシャオツーディエン

何しろ、ご近所比率が高い。私に教えてくれたのも、このあたりに代々住むという台北っ子。「まったく変わらない味。私は台北の味だと思う。りこさんが好きかどうかわからないけど」と。

で、大好きになりました。迪化街で買い物する前にてくてく歩いて、必ず！ 寄ります。地元のおひとり様多数。台北には、"三大切仔麵"と呼ばれる店があり、こちらはそのひとつなので、麺はぜひ。お昼過ぎには売り切れ続出なので、朝がおすすめです。

注文がやや難しいです。まず失礼にならない範囲で、食べている方の皿を指す、のがおすすめ（私は最初そうしました）。あるいは、謎だらけの注文票が置いてあるのでそれを見ながら、私を信じて以下のラインナップからお腹の空き具合で注文してみて。
- 鶏後（もも肉。前は胸肉）
- 三層肉（朝一番しか出合えない）
- 赤焼肉（ほとんどの人が頼む。味がしみしみ）
- 花枝米粉湯（イカの汁ありビーフン）
- 麵乾（汁なしの切仔麵。気のせい？ ほど少しの具とたれがかかったファストフード的麵料理。汁ありの「麵湯」も美味）

DATA
台北市大同區安西街106號
8：00～15：00（無休）

48　歩いてまわる台北5エリア

武骨な鉄鍋、木や竹の道具たち。ワンランク上のラインナップ。

Map P.60

2 永興農具工廠
ヨンシンノンジューゴンチャン

　果たして持って帰れるのか？　という課題はあるとしても、日本ではなかなか見なくなった本気でブ厚い鉄鍋類がすばらしい。そしてお手頃。なかでも、小サイズは気軽に使えておすすめです。

　私は、日本の木のおひつとまったく同じ作りで、底だけが蒸籠のように開いている台湾の"蒸せるおひつ"を探していて、ここでベストなものに出合いました。へらやボードなど木製品や竹製品もちょっとモダン。きれいで見やすい店内、道具好きならハマります。

DATA
台北市大同區迪化街一段288號
8:00〜18:30（無休）

一度は訪れておきたい、迪化街の一角にある記念館。

Map P.60

3 阿嬤家 Ama Museum
アマーヂア

　最初は、「素敵な建物、カフェ？」と思い、偶然入りました。そこで初めて台湾人元慰安婦を支援する人権団体「婦女救援基金会」により設立されたミュージアムだと知りました。

　「私たちは責めるのではなく、世界のどこであっても、同じような過ちを二度と犯すことがないように、この場所をつくりました」と書かれていました。展示も感情的なものではなく淡々と。

　これは楽しい旅の本、政治的な論争もあり、正直なところ掲載を迷いました。ただ、同じ女性として素直に胸に迫るものがあったのでご紹介します。日本を好きでいてくれる、いつも応援してくれる台湾だからこそ、訪ねたい。

DATA
台北市大同區迪化街一段256號
10:00〜17:00（月・火曜休み）

49

Model Route II

使える雑貨みやげならココへ。もはや台北旅の聖地?!

Map P.60

4 高建桶店
ガオジィエントンディエン

日本でも見かけるようになった、台北の大ヒット商品、漁師網で作られたポップなバッグ。すごく丈夫なので、私は重い根菜類を入れたり、仕事でも年中使っています。プチサイズはおみやげを渡す袋としても◎。柄のバリエーションも微妙に変わるのでチェック。
派手な色のプラバッグが並ぶなかに、ひっそりある天然素材のカゴバックも上質でシンプル、うれしい値段。パリで買ったタッセルをつけ、台仏合作にして愛用中です。ざるも、手仕事が活きた昔ながらのよいものが見つかります。梅干しを干すネット付きの竹ざるや、餃子を包むのにぴったりの小さな竹べらも重宝。

DATA
台北市大同區迪化街一段204號
◐ 8:00〜20:00(無休)
★ P.167におみやげ情報アリ。

数ある漢方薬局の中でも、キレイなものぞろい。

Map P.60

5 百勝堂薬行
バイションタンヤオハン

DATA
台北市大同區迪化街一段122號
◐ 9:00〜20:00(無休)
★ 乾物の選び方はP.52へ。

いろいろな店で、クコの実を買ってみた結果、ここのものがいちばんきれいで粒ぞろいでした。以来、他の乾物もよくここで買っています。小さくかわいい包装紙で梱包されたプーアル茶は、台湾産ではないものもありますが、"配るおみやげ"に。

50 歩いてまわる台北5エリア

まじめに働くこと、いいものを正直に売ること。

6 泉屋食品行
チュエンウースーピンハン

Map P.60

area B 大稻埕・迪化街・中山・雙連

　米粉100％のビーフンを探しに、ひとり新竹へ行った帰り、そのビーフンをこの店で見つけて、「わ、迪化街にあった！」と。よく見れば麺のラインナップが素晴らしい。乾物も状態がいいものばかり。日本ではニーズがないからか見つからない、小ぶりだけど味がいい熊本産の干ししいたけや、粽の竹皮もきれい。以来、必ず寄るようになりました。
　泉屋ってどう考えても日本の屋号では？とずっと思っていて、あるときお聞きしたら、「日本統治下で生まれたお父さんが造った店。とにかく勤勉に、まじめに働くこと。お客さんにうそをつかないこと。店をきれいにすること、と言われ、僕は厳しく日本式にしつけられた。だから、日本人のようでしょ？ カッコいいでしょ？」と笑いながら話してくれました。なぜか、泣けたー。うん、もう日本ではそんな心構えは絶滅しかかっているかもだけど、ほんとに、カッコいいです。また来ます！

Data
台北市大同區迪化街一段149號
9:00〜21:00(無休)

Model Route Ⅱ

《買うならこの5種類》
迪化街で乾物を買おう

日本より品質がいいもの、日本ではなかなか出会えないものを買いましょう。
そんな5種類の上手な選び方、買い方をまとめました。

クコの実

クコ（枸杞）の実＝ゴジベリー。中国では昔から、若さを保つと言われ、滋養強壮・疲労回復や目の疲れに効果がある他、咳止め効果もあるらしい。
粒が大きくてきれいなものは、値段も高いが味もいいと、迪化街で教えられました。実際、その通り。料理教室で紹介すると、ふっくらとした粒の大きさとおいしさに驚かれます。せっかくなので日本ではなかなかない大粒の最高品質のものを。そもそも安いものではないので、安すぎるものには要注意。赤い色が不自然なものもやめましょう。
私はだいたい500ｇ350元くらいで購入しています。

◎クコの実は、30分ほどぬるま湯につけていったん水を切り、新しい水でさらに1時間ほどつけて戻します。

干ししいたけ

かさが開いているものが「香信（こうしん）」、内側に丸く巻いているのが「冬菇（どんこ）」。冬菇のほうがふくよかでうまみも強い。日本では大きな冬菇が喜ばれるためか、小さなものはあまり見ません。迪化街では直径2.5cmほどの小冬菇をよく見かけます。小さいけど、しっかりとしたうまみがありおいしい。しかも熊本産や大分産のものも見かけます。大きさが違いすぎて価格の比較は難しいけど、半値くらい。
小さいからすぐ戻るのもよきところ。煮ものには、水で長時間戻さず、洗ってすぐに使います。このやり方は、台北のお母さんに教わりました。

金針菜

金針菜は、本萱草（ホンカンゾウ）というユリ科の植物の花の蕾。台東のものをよく見ますが、かの地には夏には一面オレンジの花になる丘もあるとか。蕾を蒸して乾燥させた台湾産のものを購入しましょう。シャキシャキ、ほんのり甘い台湾の味がするはず。夏には、グリーンの生のものも見かけます。

52　歩いてまわる台北5エリア

白きくらげ

かつては天然しかなく、燕の巣と同じくらい高価だったという白きくらげ（銀耳）。今は人工栽培（菌床栽培）の技術が進み、ちまたに出回っているものはほとんどがそれです。迪化街の漢方薬局で人工栽培の上質なものを買うなら、割ったり砕いたりしていないホール（丸いたわしのような状態）で、かさが大きく開きすぎていないものがいいと教えられました。台湾産を手に入れましょう。

◎たっぷりの水につけて30分ほど戻します（戻すと5倍ほどに）。さっと湯がいてしゃきっと食べるもよし、くたくた、とろとろに煮るもよし。

干しえび

日本の干しえびは、「素干し（生を殻ごと干したもの。桜エビなど）」が多く味は上品。台湾産は「煮干し」で、さっとゆでて干し、殻をむいたものが主流です。うま味が強くパンチがあり、殻がついていないのでそのまま刻んで使えます。こちらも、きれい＝おいしいです。身がかけたり、ぽろぽろになっていない、しっかりした大ぶりのものを。

◎水の中でサッと洗う。水気を切ったらボウルに入れ、えびの1.5倍ほどの水で30分〜1時間戻します。戻し汁は、えびだしとして使えます。

買ってきた乾物を使って

金針菜とラディッシュの白和え

【材料】
金針菜（乾燥）…15g
ラディッシュ…5個
塩…小さじ½（塩もみ用）
豆腐（絹ごしが滑らかに仕上がる）…1丁
みそ…大さじ1

金針菜はさっと洗ったら、たっぷりの水につけて3時間ほど戻す。豆腐はキッチンペーパーに包み、ざるにのせて、皿などを重石にして30分ほど水切りする。戻した金針菜は熱湯でゆがき、ざるにあげて水気をしっかり絞る。ラディッシュは薄切りし塩でもみ10分おき、しっかり絞る。ボウルに豆腐、みそを入れて合わせ、金針菜とラディッシュを加えてあえる。

Model Route II

昼鍋、昼飲み、上等!? 神様の前で陽気に食べよう。

7 大稲埕慈聖宮とその周辺屋台

ダーダオチェンツーシェンゴン

　大稲埕は、古くは台北でいちばん栄えた港に近い下町エリアを指す。航海の守護神、天上聖母がまつられた大稲埕慈聖宮の境内は、11時ごろからみんなでわいわい昼ごはんを楽しむ人でいっぱいに。

　日本で神社の参道においしい店が集まるように、ここにも屋台がずらっと。気になる店を見つけたら、そこで注文し、この境内でいただくというシステム。店名が書いてあるテーブルに座ったら、その店の料理は必ず頼みましょう。その上で、そこ以外の料理を買ってくるのはOK。

54　歩いてまわる台北5エリア

Map P.60

area B 大稲埕・迪化街・中山・雙連

　おすすめは、たとえば、**「葉家肉粥」**。ここの「紅燒肉」や「鯛魚炸」、お粥は絶品。ビールが注文できるのは、**「阿萬毛蟹」**。蒸した海老がおいしい。3人以上なら、うまみたっぷり具だくさんの鍋もアリです。店名なのか？ 看板にある**「雞卷」**は、海老を鶏つくねで包み、春巻きの皮で巻いて揚げた料理。

　そしてここ、おいしいだけじゃない。ある日は女子3人旅で、ぐつぐつの鍋を囲む8人の大家族を見つけて、「同じものを食べたい」と筆談と身振りで伝えたら、お母さんが代わりにオーダーしてくれました。さらに、日本語がわかるおばあちゃまが「おいしい？」と聞きに来てくれて、たれやトッピング、食べ方も伝授してくれ、感激。ある日は、高校の同級生で集まっているという10人超えのお仲間に、「飲んでいって〜」と誘われて、ビールをごちそうになりました。

　ここは台北の"人"に触れられる場所でもあるのです。最後は、天上聖母様に旅の無事もお願いしましょう。

Data
台北市大同區保安街49巷17號
🕘 9：00〜15：00頃

Model Route Ⅱ

リーズナブルに毎日飲むお茶を大人買い。

8 林華泰茶行
リンファータイチャーハン

Map P.60

「パッケージはいらない、中身勝負で好きなお茶を買いたい」って方はこちらへ。私は香料を足してある紅茶が年々苦手になって、素朴な台湾の紅茶が大好きに。上質な「紅玉紅茶」と、惜しげなく使える「紅茶」を購入します。

「蜜香茶」や「東方美人茶」は、甘い香りが人気。人工的な香料は足していません。小線葉蟬という虫が茶葉を刺すときに特殊な酵素を出すらしく、これによるダメージを防ぐため、木が抵抗成分を出すと、茶葉が甘くなるのだそう。最初に気づいた人すごい！また、「凍頂烏龍茶」もおすすめ。台湾・南投県鹿谷郷で栽培されている、"ザ・台湾のお茶"です。お願いすると奥で味見をさせてくれますから、好きなお茶を見つけて。

★原則一斤買い(一斤は600g)ですが、半斤もお願いできます。

DATA
台北市大同區重慶
北路二段193號
⏰7:30〜21:00(無休)

すべての部屋のデザインが違う、アートと寝るホテル。

9 Play Design Hotel 玩味旅舎
ワンウェイリューシャー

Map P.61

「これはアートなのか？」と首を傾げつつ面白がる、現代アートが部屋にさりげなく置いてある。中には、宿泊客が描いたりする参加型の作品も。古いビルの数フロアをリノベしていて、部屋はクール！ 旅慣れた人におすすめです。このエリアの起点としては、最高の場所にあります。

DATA
台北市大同區
太原路
156之2號5樓

食べる夜市、コンパクトだから歩きやすい。

Map P.60

10 寧夏夜市
ニンシャーイエシー

area B 大稲埕・迪化街・中山・雙連

"夜市で食べる！"なら、ココ。ツワモノの地元っ子は大テーブルを予約するのだとか。1本道、寧夏路の両サイドにずらっと屋台があるので、歩きながら気になるものを。私はレストランで晩ごはんを食べた後にデザートをよくはしごします。

●「劉芋仔蛋黄芋餅」

メニューは「香酥芋丸（タロイモの揚げ餅）」と「蛋黄芋餅（タロイモの揚げ餅＋黄身餡と肉髭）」のみ。この肉髭入りが甘じょっぱくて不思議なおいしさ。少し並ぶのは覚悟して。

●「林記燒麻糬」

私の台北2大「麻糬」のひとつ（もうひとつのおすすめは、P.39に）。「麻糬」は、油でじっくり煮たお餅のこと。何と発音も、"モァーチー"。日本の餅が発祥と言われています。「麻糬冰」は、しっとりやわらかな油餅に、冷たい氷、きな粉、黒ごまがたっぷり。赤福氷の柔らかバージョンみたいな。

●「古早味豆花」

屋台ではないけれど、寧夏夜市からすぐの甘味屋さん。ゆっくり座って食べられます。おすすめはやっぱり豆花。冷か温かを選んだら、トッピングは指さしで。

●「吉龍糖」

東京にも上陸したタピオカティーの店。しかし、タピオカなし、無糖のミルクティーが苦みがあって大人にはおいしい。タピオカ風味のポップコーンもおみやげに喜ばれます。中山にも支店あり。

DATA
台北市大同区寧夏路

Next Recommend
まだあるおすすめ

――[カフェ]――

森高砂咖啡
センガオシャーカーフェイ

バロック式建物で味わう、台湾珈琲。

散歩していて、その凛とした雰囲気に吸い込まれるように入ってみたのが始まり。
ここの珈琲豆は、台東や屏東などすべて台湾で収穫されたもの。たとえば、ある日の1杯は、台東關山電光里産。アミ族の集落で日本統治時代からコーヒーの産地だったそう。
目の前できれいな所作で、ハンドドリップしてくれた珈琲は、まるで香り高いお茶のようでした。強い味を好まない台湾らしい珈琲。ブラックで味わうのに、優しくてとてもいい。
ところでこの建物、迪化街や大稻埕に残るバロック建築のひとつ。100年を超え、歴史的建物として保護されています。

DATA   Map P.60
台北市大同區延平北路二段1號1樓
12:00〜21:00／金・土 〜22:00（無休）

―[雑貨]―
印花楽
インファーラー

オリジナルテキスタイルが和む
クラフト系雑貨屋さん。

PCケースや財布などを独自の生地で丁寧に作っています。古き美しきタイルをモチーフにした雑貨や、昔の大同食器（70年代に作られていた花柄など）に出合えることも。

DATA
台北市大同區民樂街28號
9：30～19：00（無休）
Map P.60

―[ホテル]―
OrigInn Space 大稲埕
ダーダオチェン

ノスタルジック&モダン迪化街に泊まる。

1階はメイドイン台湾の雑貨やヴィンテージ家具のショップ。奥にホテルの入口があります。客室は4室のみだけど、サイコーにかっこいい。永樂市場まで徒歩1分。

DATA
台北市大同區南京西路247號
Map P.60

―[観光]―
大稲埕碼頭
ダーダオチェンマートゥ

ランニングのススメ、
淡水河沿いから迪化街を走ろう。

Map P.60

永樂市場を背にして迪化街を少し北上し、左に曲がると大稲埕碼頭（ふ頭。淡水行の船も出る）に出ます。川沿いのランニングコースを台北橋を目指し北へ、奥迪化街に出て、南下するのがおすすめ。街を走ると、暮らしているような気分になります。

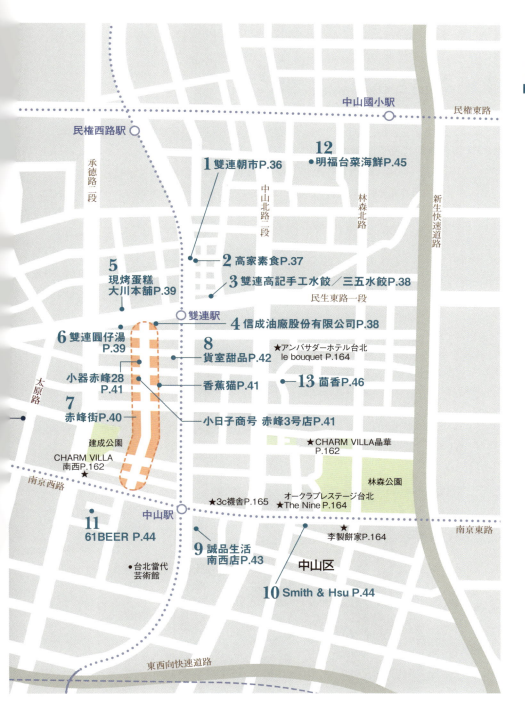

永樂市場と理想のエプロン

かつての永樂町にある永樂市場。

　私には理想のエプロンがあった。15年ほど前、イタリアの料理学校のクラスで記念にもらった真っ白のエプロン。リネンと綿の絶妙な混紡で、さすがのイタリア？ シンプルながらあか抜けたライン、紐のほどよい太さ。あまりに好きで、ずっとずっと大切に使っていた。ゲンを担いで、節目の大仕事でのみ身に着けて普段はしまいこんでいたほど。

　数年前、迪化街の永樂市場を歩いていて「そうだ！ 同じものを作ればいいんだ。いや、作ってもらえばいいんだ」と思い至った。

　永樂市場、正確には「永樂布業商場」。日本統治時代に日本から届く生地の市場として始まり、今は台湾最大と言われる布市場だ。この一帯はかつて、永樂町と呼ばれていたから、市場の名は当時の町名のなごり。

　おみやげでも人気の華やかな花柄が目立つが、テーブルクロスなど幅広の業務用の生地、特殊な繊維の生地、スーツ生地、高価なレースなど、あらゆる生地がある。縫製してくれる店もあると聞いていた。

**クールビューティ、
林燕雪さんとの出会い。**

　よし、理想のエプロンの２世を作ろう。仕事で20日ほど台北に滞在することになったので、チャンスとばかり、イタリア生まれの１世を持参した。まず、グーグル先生に「これと全く同じ形のエプロンを作ってください」を翻訳してもらい、メモしていざ出発。「縫製、永樂市場」なんてググるのはあえて禁じて、"はじめてのおつかい""50歳の小さな冒険"を楽しもうと思った。

林燕雪さん。「写真を撮らせて」と
お願いしたら「お化粧していないから」
と照れ笑い。涼やかな美人。
そして仕事に真摯な職人。

寝るまえに読む
コラム❷

宿泊していた「Play Design Hotel 玩味旅舎」(P.56)から、永樂市場までは歩いて20分弱。途中、「森高砂珈琲」(P.58)へ。コーヒーを入れてくれた店の女の子にメモを見てもらった。エプロンも見せ、つたない英語と筆談を重ねたところ彼女が大幅に(!)書き直してくれ、少しの自信を得た。メモわらしべ? ありがとう。

いざ永樂市場へ。1階に、4～5軒の縫製屋さんがある。どこにしよう? 行ったり来たりした結果、若いころの吉行和子さんに似た美人がひとりでミシンをかけている店へ。思い切ってガラス戸をあけ「ニイハオ?」語尾にクエスチョンマークをつけて挨拶。向こうも、きょとん。「ニイハオ???」

それが林燕雪さんとの出会いだった。メモと持参したエプロンを見せ、必死で説明。特に、紐が同じ布地で作った袋縫いの丁寧な作りであることは図解入りで。その超面倒な紐に彼女も眉間にしわを寄せる。うーん、クールビューティ、凛とした美しい人だ。

林さん「いつまで?」(観念した感じで)

私「2週間後に取りに来ます」(やった!)

「何枚?」「できたら5枚か6枚」と、筆談と勘による会話の後、「じゃ、行こう」と、生地屋さんが並ぶ2階へ。いろんな人が彼女と挨拶を交わすなか、あれでもない、これでもないと、より理想に近い生地を探した。

「她是附近技術最好的裁縫師」

こうして理想のエプロンの2世たちが生まれた。ところが、これが、もはや2世ではなく、理想のエプロンをはるかに超えるつけ心地。特にその場で、私のやや恰幅の増した腰回りを計って、初代よりキモチ横幅を出してくれた(涙)技のすばらしさよ。大変な作業だったという袋縫いの紐がつくりだす雰囲気のなんと優しいことか。

2週間後、受け取りに行ったとき、相変わらずのクールビューティながら、たまたまいた他のお客さんに軽く事情を説明(たぶん)。するとその方が、これまで彼女に作ってもらったというドレスやスーツの写真を見せてくれた。そして、「あなたはラッキー」と言いながら、グーグル翻訳画面を指し示した。「她是附近技術最好的裁縫師」(この人はこのあたりの店でいちばん腕がいい)。

いまではこの5着が、私の勝負エプロンとなっている。

DATA

芳林工作室 台北市迪化街一段21號　永樂市場一樓13-21室

永樂市場1階(縫製店が並ぶエリア)にある。エプロンの縫製代は5枚で2000元。プラス生地代。スカートなど簡単なものは2～3日でできるそう(混み具合による)。この他、チャイナドレスはもちろん、ワンピースやブラウス、ジャケットなども応相談。

area C

松江南京、行天宮、南京復興あたり

食い倒れて、マッサージ

....

**行きたい店が多すぎる、
"ちゃんと食事する店"の激戦区。**

　台北市街地の地図を見ると、このエリアは古くから栄えた西の淡水河側（迪化街や萬華区）と、急成長する東（台北101などがある信義エリア）のちょうど真ん中。

　オフィスも多く、ランチ＆晩ごはんの激戦区。ちゃんと座って食べたい、おいしい店がたくさんある。

　週末の南京復興駅や松江南京駅あたりは、台北っ子たちがお目当ての店へ繰り出し、ものすごいにぎわいだ。夕方、店が開くころに散歩すると、入ってみたい、食べてみたい、と気になる店がたくさん見つかる。

　このエリアの、さらにど真ん中にある「遼寧街夜市」は台北でも1、2のローカル度が高い夜市。深夜0時ごろまで、がっつり食べてがっつり飲む人々で活気をみせている。旅行客でもハマる人が多い独特な夜市だ。

　いつでも歓迎してくれる中〜大型のマッサージ店も多く、夜遅くまでやっているから、締めはマッサージで。

^{area} C Model Route

オフィスビルも多い整備されたエリア。
ちょっと遅めに起きてランチからスタート。
MRTも使いながら上手に歩こう！

Start
1
富霸王猪脚

行列必至の豚足屋。
なかでも絶対食べたい！
絶品の太もも肉は
11時と14時の
2チャンス。

2
四平陽光商圏・59號

近所のOLさんも
アクセサリーやらを物色する、
レトロでかわいい商店街にある。
ここでは綿のパンツを！

3
不老客家傳統麻糬

松江路をまっすぐ10分ほど
北上。右手に列をなす
屋台が見えたら、
みんな大好きごま団子！

4
6星集足體養身會館
台北民權会館

7〜8分歩いて、マッサージへ。
うとうとまどろみながら、
足の疲れとさようなら。

area C 松江南京、行天宮、南京復興あたり

Last 8
BAR 春花 The Primrose

ナイトキャップに1〜2杯飲みたかったら、
Cエリアを対角線上に移動してこちらへ。
タクシーで10分ほど。

7
雅閣

歩いて5分。マンダリン
オリエンタルホテルで
チェリーダックを。

6
春美冰菓室

MRTで行天宮駅から南京復興へ2駅か、
バスにトライして向かうのもおすすめ。
おいしいスイーツを目指して。

5
行天宮

3→4の1本北の裏道を
松江路へ戻る。
新たな発見があるかも。
10分弱で
赤い門にたどりつく。

台北に来たら、この豚足を食べずに帰ってはならない！

1 富覇王猪脚
フーバーワンヂュージャオ

　豚足は苦手だった。でも、大好きな渡辺直美ちゃん（日台のダブル）が、つやっつや黄金色の豚足を幸せそうに食べる姿を雑誌で見て来てみたら、いきなり入り口で煮込まれ続けている鍋と、男たちが総出で切り分ける、ぷりっぷりの豚足にくぎづけ。これ、おいしいに決まってる！

　ひと口食べたら、予想をはるかに超える味にびっくり。とろっとろに煮込まれた豚足の脂や腱の部分は箸で切れる柔らかさ。臭みゼロ。醤油味はまろやかで、強すぎない、甘すぎない。吸いつくような脂身に、こんなにハマっていいのか私！と思いつつ見渡すと、若き女子たちも、80代と思しきご夫妻も、目をキラキラさせながらがっつり食べている。友人に聞いたら、台北人なら知らない人はいない店、と。以来、何回来たことか。今もすべての豚足が好きになったわけじゃないんです。ここの豚足だけが特別。大好物になりました。

area C 松江南京、行天宮、南京復興あたり

Map P.80

★11時の開店前に行列ができる。持ち帰りの場合は、店に向かって右手で番号札をもらい待つ。店内で食べる場合は左手から並ぶ。お弁当には滷蛋をプラスするのを忘れずに。日・月曜は休みなので要注意。

おすすめは、覇王腿扣（太もも）、覇王腿節（足の関節）。太ももは、11時と14時の2回出されて、30分ほどで売り切れるのでがんばって。悶絶するよー、涙。潤油豆腐（揚げ豆腐の煮込み。煮汁がしみしみ）と滷蛋（煮卵）もぜひ！持ち帰りのお弁当もあります。

DATA
台北市中山區南京東路二段115巷20號
🕐 11:00〜20:00
（日・月曜休み）

ハタめく商店街はフォトジェニック！肌着屋さんの「59號」へ。

2 四平陽光商圈・59號
スーピンヤングァンシャンチュエン・ウージォウハオ

Map P.80

「富覇王猪脚」の順番を待つ間に、四平街入り口近くの肌着屋さん（と呼びたい）へ。老若男女、着心地よさそうで懐かしい、木綿の肌着や寝間着が並んでいます。なかでも、おすすめが「日鶴牌印」の男子パンツ（130元）。おみやげにしたら、夫も義父も大絶賛。クレープ綿でさらさら。はき慣らすうちに、しっとりなじんでくるらしい。実は60年以上、根強く支持される台湾老舗下着メーカーのもの。鶴のマークもかっこいいな。

DATA
台北市中山區四平街59號
（四平陽光商圈内）

69

するっと3個はいける！甘すぎない、絶品できたてお餅。

Map P.80

3 不老客家傳統麻糬
ブーラオクーヂアチュアントンマーシュウ

「この行列は何？」と思ったら、並んでみよう@台湾。靴修理屋さんの横にできた長蛇の列の先には、4〜5人が忙しく立ち働く屋台のお餅屋さん。しっとり柔らかく甘すぎない、"ザ・台湾スイーツ"。

6種のうち、椰香(ココナッツ)、芝麻(黒ごま)、花生が私の定番。1個でも優しく対応してくれます。竹串付きなので、すぐ食べられるのもうれしい。

DATA
台北市中山區松江路297巷
🕐 11:00〜18:00(日曜休み)
MRT行天宮駅3番出口を出てすぐ見えるセブンイレブンの横。

歩き疲れたら、さくっと気楽に。大型マッサージ店激戦区のおすすめ店。

Map P.80

4 6星集足體養身會館 台北民權会館
リゥシンジーズゥティヤンシェンフィグアン タイベイミンチュエンフィグアン

思い立ったら、すぐ行ける大型マッサージ店。一期一会とはいえ、こだわりたいのが清潔さ。こちらは比較的新しく、キレイで、技術もしっかりしています。

店名は5つ星ならぬ、"6星"ということだそう。支店がいくつかあり、このエリアには、台北八德会館店もある。日本語も通じます。

DATA
台北市中山區民權東路二段28號
🕐 10:00〜翌4:00(無休)

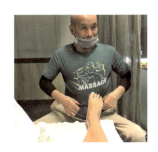

★腳底按摩＋泡腳及肩頸按摩(足湯、足裏マッサージに、首と肩もみつき)は65分で、1200元ほど。近くに支店も多く便利。

魂が元気になるご祈祷をしてもらおう。

Map
P.80

5 行天宮
シンティエンゴン

area C 松江南京、行天宮、南京復興あたり

　行天宮は、MRTの駅名にもなっている立派で大きな廟。ひとりで台北廟巡りをしていたときのこと。ここが、1956年から1967年にかけて、炭鉱王と言われた「玄空師父」によって建立されたと教えられました。ひとりの篤信家によって、比較的新しく造られたものだと知りびっくり。

　中に入ると、撮影はもちろん携帯電話の使用も禁止。効労生と呼ばれる、青色の法衣を着た道徳修行を積んだお弟子さんたちが、お参りの仕方を教えてくれます。効労とは「人のために何かをする」という意味だそう。この方々は、ひとりひとりのために、頭から全身に線香の煙をあてながら、丁寧にご祈祷もしてくれます。このときに聞かれるのが、「名前と誕生日」(私は、最初、願い事を伝えるのだと思い、「家内安全」と紙に書いて渡したら、「それ名前?」と日本語できかれ、怪訝な顔をされました)。これをやってもらうと、魂が元気になり、行動力がよみがえるのだそう。いつも順番を待つ人で長い列ができています。

> 中心にまつられているのは、三国志でも知られる「関羽」。商売の神様と言われますが、ここではそれより、関羽が守り説き続けた「五倫八徳」を尊びます。八つの徳:礼・義・廉・恥・孝・悌・忠・信をもって、五つの倫(基本的な人間関係:父子、君臣、夫婦、長幼、朋友)の調和を取ると、やがては社会の安定、平安がかなう、というものだそう。

Data
台北市中山區民權東路二段109號
4:00〜22:00

衝撃のふわふわ氷。並んでも食べねばならぬ、台北の"新女王"。

Map P.81

6 春美冰菓室
チュンメイビングオシー

2017年にオープンし、瞬く間に台北スイーツの女王になった（と私は思う）、「春美ちゃん」（と呼んでいる）。

何を食べても、「おいしーー！」（ボキャ貧でごめん）と、声に出して言いたくなる。マンゴー氷は、完熟完璧なマンゴーもさることながら、きめ細かく繊細なチュールを折りたたんだみたいなふわふわの氷に悶絶。

さまざまな氷にトッピング可能なごまプリンや杏仁豆腐も、濃厚しっとり。豆花は甘すぎず、薏仁や紅豆にも素材のよさを感じます。常にお掃除してあるクリーンな店内、さわやか笑顔の接客もハナマルです。しかもみんなかわいい！

行列覚悟。席が空かないときは、テイクアウトして前の公園へGO。

Data
台北市松山區敦化北路120巷54號
⌚ 12:00〜21:00（無休）

雑踏を忘れてしばし優雅に。チェリーダックで大人の晩餐。

Map P.81

7 雅閣
ヤァグー

area C 松江南京、行天宮、南京復興あたり

「宜蘭（台北から列車で1時間ほどの街）産のチェリーダックは絶対に食べなければならない」とグルメ友から聞いていました。
　かつて、北京ダックがイギリスのチェリーバレー農場に持ち込まれ飼育され、肉質の柔らかさ、脂のおいしさが大評判になりました。それがもともと鴨で有名だった宜蘭でも育てられるようになり、「櫻桃鴨＝チェリーダック」に。皮だけでなく肉質がすばらしいので、「五吃」または「四吃」と言って、鴨1羽をいくつかの食べ方で食べつくします。
　台北でそのチェリーダックを食べるなら、ここへ。ちょっとおしゃれして出かけましょう。

★広東料理の名店。「蜜汁叉燒（甘みをつけたチャーシュー）」などもおすすめ。

DATA
台北市松山區敦化北路158號3階
（マンダリンオリエンタルホテル内）
🕒12:00～14:30／土・日・祝日11:30～、18:00～22:00（無休）

超便利な場所にある、シックな隠れ家バー。

Map P.80

8 BAR 春花 The Primrose
チュンファー

　MRT忠孝新生駅の5番出口を出て、右に20歩（！）ほど行ったところにあります。看板もないし、ドアがどこかもわかりにくいから見逃さないように。
　メニューはありません。飲みたい味を伝えてカクテルを。自家製のフルーツシロップでノンアルカクテルも作ってくれます。壁に描かれた花鳥風月に、モダンチャイナを感じる空間で、1日の締めくくりを。

DATA
台北市中正區新生南路一段56巷8號
🕒19:00～翌1:00／金・土～翌2:00
（月曜休み）
☆カクテルは1杯350～450元。

73

Next Recommend
まだあるおすすめ

―― [小吃] ――
黄記魯肉飯
ホァンジー ルーローファン

**店先の鍋で、うまうまの豚肉が！
清潔でキリリとした名食堂。**

私がよく角煮を食べる長崎育ちだからか、焢肉飯（豚の角煮がのったごはん）が大好き。ここではその焢肉飯と味のしみた滷蛋、魯白菜（白菜の煮込み）を。しっかり肉を感じる角煮を食べたあと、残りのごはんに魯白菜をのせて食べるのがお約束。台北の食堂の中でも群を抜くきれいさで、忙しい時間でもみんな親切。店を出たら、すぐ雙城街夜市。帰りの散歩も楽しいです。

★もちろん魯肉飯も、「蹄膀肉（豚の膝のあたり）」や「花枝羹米粉（イカのビーフン）」もおすすめ。

DATA
台北市中山區中山北路二段183巷28號
🕐 6：00〜22：30（日曜休み）

Map P.80

―― [甘味] ――
双妹嘜養生甜品
シュアンメイマァヤンシェンティエンピン

**どこまでも優しい味。
身体にいいスイーツってあるんだ！**

シュールなアーケード、「晴光商圏」の出口にある香港スイーツの人気店。「養生甜品」とは、健やかな身体でいるためのスイーツのことだそう。"養顔"にもなるらしい。おすすめの「燉奶（ミルクプリン）」は、新鮮な牛乳を2時間以上煮込んで作るもので、ゆるふる牛乳ジュレのよう。添加物もなし。厳選された旬のイチゴやマンゴー、黒ごま、紫米などといただきます。冬はお汁粉もおすすめ。

DATA
台北市中山區農安街2巷20號之33
🕐 11：00〜21：00（無休）

Map P.80

── [小吃] ──
阿娥水餃
アーアシュイジャオ

噛んだ瞬間にあふれるスープ。
海山のうまみがつまった水餃子。

水餃子ってこんなに、ジューシーなものなのか！とその真骨頂を教えてくれた店。もちもちの皮にぎゅっと閉じ込められたスープが、じゅわ〜っとあふれる。
他にはない、ただならぬ強いうまみは、海老、キャベツ、豚肉の組み合わせによるもの。まさに、うまみがかけ算しまくっているのです。看板を見ただけでパブロフの犬さながらに唾液が出てきます。
春秋戦国時代に餃子が生まれたと言われる中国山東省でも、水餃子は海の幸と山の幸を合わせてうまみを増強するのだとか。海老と豚、つまり海と山、両方のうまさを活かした水餃子、食べない手はありません。
しかも、10個60元！ 持ち帰る人、食べていく人で、店はいつもいっぱいです。お供に、優しい味わいの酸辣湯もお忘れなく。

DATA
台北市中山區南京東路二段21巷9號
11:00〜19:00（土・日曜休み）

Map
P.80

area C 松江南京、行天宮、南京復興あたり

―[レストラン]―
阿城鵝肉
アーチェンアーロウ

**野生味あふれるガチョウ肉に燻製香。
日本にない味を。**

日本ではなかなかお目にかかれないガチョウの専門店。肉は噛しめると強いうまみがにじみ出てきます。まず、「内用（店で食べる）」と伝え、書き込み式のメニュー表をもらって席へ。ガチョウの調理方法は2択。煙燻（燻製したもの）か、白斬（塩で煮たもの）です。おすすめは煙燻で、ほのかな燻製香が食欲を増進させます。下にびっしり敷かれたしょうがもいい。「鵝油拌飯（燻製時に出た肉汁をかけたごはん）」もいっしょにぜひ。

★2人分まででだとガチョウの部位は選べません。ガチョウ以外の台湾料理も充実。

DATA
台北市中山區吉林路105號
🕐 11:30～21:00（無休）

Map P.80

―[小吃]―
梁記嘉義鶏肉飯
リャンジージャーイージーローファン

**このシンプルな丼が、
みんなを台北に呼ぶのよっ！**

これを食べるために台北へ行く、という人がホントにいっぱい。帰る前に必ず駆け込む！という声も。お店は2018年にリニューアル。店内入り口に料理の写真が貼られ、メニューも選びやすくなりました。
看板メニューは鶏肉飯で、これに荷包蛋（半熟の目玉焼き）をのせるのが私の大好物。合わせて50元！ お腹に余裕があったら、鶏肉＋魯肉飯（鶏肉飯に魯肉をのっけたもの）もかなりおすすめです。おひとりさま大歓迎。外帯（持ち帰り）のお弁当も美味。土日休みだってことだけ、ゆめゆめ忘れないように。

DATA
台北市中山區松江路90巷19號
🕐 10:00～14:30、16:30～20:00
（土・日曜休み）

Map P.80

―――{ 素食レストラン }―――
養心茶楼
ヤンシンチャーロウ

進化し続ける、
美しきモダン素食。

ここまで美しく、おいしく、洗練され眼福に満ちた素食は、世界でもなかなかないと思います。しかも、あくまで台湾料理であり、年々進化しています。
たっぷり食べても胃もたれもなし。時に食べ疲れる台湾旅行。身体リセットにおすすめです。おひとり様ならランチへ。ちなみに素食なのでお酒はありませんが、ワインが飲みたくなる料理。持ち込みは基本OKとのことなので、予約時にひと声かけてみましょう。

area C
松江南京、行天宮、南京復興あたり

★MRT松江南京駅からすぐで、驚きの便利さ。ディナーは、1週間ほど前に予約するのがベター。日本語も通じます。

DATA Map P.80
台北市中山區松江路128號
11:30〜14:20、14:30〜16:30、17:30〜21:30／土・日 11:00〜12:45、13:00〜14:45、15:00〜16:45、17:30〜19:15、19:30〜21:30（無休）

―――{ レストラン }―――
鶏家荘
ジーヂアジュアン

スープのない人生なんて！
長生き養生スープで英気を養う。

「台湾人はスープ好きだよね」と、来るたびにいつも思います。しかも、それこそが健康のもと。もし4人以上の仲間で来たら、ぜひここで丸鶏をじっくり煮込んだ長生きスープを。初めにおすすめのおかずを3〜4品頼み、食べて飲んで、締めにありがたくいただけば、寿命が延びること間違いなし。鍋？ と見まがうけど、あくまで鶏スープ。サービスも老

舗ならではで、日本語も完璧なプロ中のプロがすべて導いてくれます。食後のプリン（鶏卵で作る）も絶対に忘れるべからず！

DATA
台北市中山區長春路55號
11:00〜22:00（無休）
Map P.80

―― | レストラン | ――

東北軒
ドンベイシュエン

いちばん好きな白菜鍋。他の料理も珍しくて、絶品！

中国大陸の北、黒竜江省から台湾へ来た美しい姉妹による、中国東北地方の火鍋の店。ところで、火鍋＝辛い鍋ではなく、中華圏では鍋料理＝火鍋。

また日本の鍋料理との違いは、何といってもベースのスープ。日本の場合、いろんな具を入れて食べた結果として、スープにうまみが出るわけですが、火鍋はスープが初めからしっかりおいしい！ 地域により違いはあるけど、鶏や豚骨のスープに醬が入っていたり、うまみのある具があらかじめしっかり煮だしてあったりするからです。

何といっても、ここはそのスープが抜群。理由は、定番の白菜漬、肉団子に、他では見ないたっぷりの海老が入っているから。スープに複雑なうまさとコクがあります。

さらにたれ！ 数種の調味料や薬味を混ぜて、マイたれを作って食べます。ここは調味料のひとつである、豆腐乳がともかく美味。薬味たちもなおざりでなく、きれい。火鍋以外の東北料理も珍しく、かつ上品。食べる楽しみにあふれています。

DATA
台北市中山區長春路106號1樓
🕐 11:30〜14:00、17:30〜22:00（無休）

Map P.80

78　歩いてまわる台北5エリア

―[レストラン]―
茂園餐廳
マオユエンツァンティン

海鮮の店と言えば、必ず名があがる名店。魚介類は指さしで。

注文は少し難しい。まず奥へ行って、今日の魚たちを見ます。食べたいものを指さして、調理法は筆談も交えて相談。横の黒板に今日のおすすめが出ているので、そこからもチョイス。想像と違う料理が出てきても、ここは面白がりましょう。みんなおいしいから大丈夫。

★よく頼むのは「白菜滷（白菜の煮込み。私の好物）」。名物の「老菜圃排骨湯（豚の骨付バラ肉のスープ）」、「炒南瓜米粉（かぼちゃのビーフン）」、「白斬鶏（蒸し鶏の冷製）」、「花枝丸拼蝦捲（揚げイカ団子）」など。

DATA
台北市中山區長安東路二段185號
🕐 11:30～14:00、17:30～20:30（無休）

Map P.81

area C
松江南京・行天宮・南京復興あたり

―[レジャー]―
全佳樂釣蝦場
チュエンジアラーディアオシャーチャン

はじめてのエビ釣り、行きませんか？ 楽しいっ。

都会の真ん中。エビがいるはず（中は見えない）の室内プールに餌（小エビ）をつけた竹の竿を垂らす。ぴくっと動いたらひく。わっ！釣れたっ！ うれしい。
案外、タフで立派なエビなので、針から外すときは手をケガしないように。そのあたり、日本語もOKの支配人が教えてくれます。
釣ったエビは、グリルで焼いて食べるか、プールにリリース。釣れなくなってくると奥からエビが補充されるのが、なんともシュール。デートしているカップルもいて、なんか和むわー。

DATA
台北市中山區錦州街190號
🕐 17:00～翌3:00（無休）

Map P.80

台北はなぜおいしい？ ～中国大陸のすべての美味がある

福建・広東から。そして日本へ。

「台湾、特に台北では、中国大陸中のおいしいものが食べられるんです」。

台北の書店でのイベント終了後、感じのいいおじいちゃんがやってきて日本語で教えてくれた。「なんで、こんなに、なんでもおいしいのでしょう？」と私が言っていたから。「歴史がその理由です」と。

17世紀、大航海時代、原住民が暮らす台湾にオランダがやってきて（※1）、当時の明と戦い、現在の台南に築城し統治するようになる。

このオランダを追放したのが対岸の福建の雄、鄭成功（※2）だった。最後まで漢民族の明を支持し、満州族の清に抵抗し続けたが敗れ、台湾へ侵攻したのだ。ところが結局、鄭政権は清に倒され、福建省台湾府となり、その後、台湾省になる。この17世紀から19世紀中頃までに、福建省南部（福佬人）や広東省北部（客家）の漢民族が台湾へ多くやってきた。

しかし清は、1895年、日清戦争後の講和条約で台湾を日本に割譲する。以来、50年間もの長きに渡り、台湾は日本により占領統治される。

中国大陸から、あらゆる地域の味がやってきた。

そして1945年、日本の敗戦により中華民国となった台湾には、中国大陸全土から新たに人々がやってくる。彼らの中には、台湾がどこにあるかさえも知らず、北部や内陸から送られた者も多かったという（※3）。

さらに、1949年、内戦に敗れた蒋介石の国民党政権がまるごと台湾へ逃れてくる。この2段階の中国大陸からの移住者（約100万人）は外省人と言われるようになる。彼らは出身地もさまざまだった。

中国大陸には毛沢東率いる中華人民共和国が生まれ、台湾海峡をはさみ対峙することになった。その後30年以上に渡り、誰も中国大陸へ帰ることはかなわなくなった。

それぞれの沁みる味、ふるさとの味、恋しい味。

こうして台湾は、原住民（先住民族）、福佬人、客家、外省人の「4大族群」と言われるエスニックグループが共存する社会になった（※4）。いつ、どのような理由で、どこから台湾へやってきたか？ が違い、言語も文化も違う。

特に、台北には多くの外省人が暮らすようになる。そこで、他の地域以上にさまざまなエッセンスが混在する食文化が根付いていった。誰だって、ふるさとの味は恋しい。ましてや帰れないとなればなおさら。

しかも、蒋介石は一流の料理人をこぞって連れてきたという。庶民の味だけでなく、中国大陸全土の最高の料理も台北で花開いたのだ。

福建や広東を代表するうまみたっぷりの

寝るまえに読むコラム❸

スープ、酒醸や紅麹を使った甘さが心地よい料理もよく見る。一方、水餃子や饅頭といった華北（中国大陸北部）で生まれた粉ものもバツグン。おなじみ朝の定番、油條に豆乳も北の味だ。台湾と言えば思い浮かべる人が多い小籠包は、上海（浙江省）がルーツ。そして原住民の料理も今、改めて注目されている。

私たちは、台北をふらりと訪れるだけで、上湯も、水餃子も、小籠包も、堪能できて、今日も「好吃！」と歓声をあげるのだ。

※1　正確には、オランダ東インド会社。このころ北部はスペインが一時占領するがオランダに駆逐される。
※2　近松門左衛門の『国性爺合戦』で日本でも知られる。彼の母はわがふるさと長崎の人。
※3　『台湾海峡1949』龍應台 著／天野健太郎 訳（白水社）などから。
※4　『台湾―変容し躊躇するアイデンティティ』若林正丈 著（ちくま新書）

水餃子と黒糖シロップの豆花が私の2大台北好物

私の水餃子ベスト3

阿娥水餃（P.75）

雙連高記手工水餃／三五水餃（P.38）

龍門客棧餃子館（P.29）

私の豆花ベスト3

龍潭豆花（P.133）

江記東門豆花（P.126）

庄頭豆花担（P.108）

area D

緑多き最先端。
東区、台北101界隈

洗練、モダン&夜ふかし台北

暮らすように過ごしたい。花咲く住宅街を歩いて、私だけのお気に入りを発見しよう。

「台北に住むなら?」と聞かれたら、このあたりに住みたいと答えるかもしれない。なかでも、仁愛路、敦化南路あたりは、並木が美しい通り。店の窓からも、風にそよぐ木々が見えて気持ちいい。ぽつぽつある、びびっとくる店との出合いは、ちょっとした宝探しのようだ。

　だから、目的なく歩くのもおすすめ。もちろん、ランニングもいい。走ると、まるで暮らしているような気分になる。大安森林公園には、ランニングコースもある。

　かっこいいデザインホテルも多い。心地よく過ごすために考えつくされた部屋、コンセプトがはっきりとしたインテリアや備品。サービスの距離感もちょうどいい。

　そして、夜ふかしもこの界隈で。これからお酒を愉しむ人がますます増えそうな台北で、一歩先を行くのがこのエリア。自然派ワインを飲みながら食事をする、美しきバーで鍛えられたバーテンダーにカクテルをお願いする、そんな時間を自分のために。

area D Model Route

ここでは、絶品「豚まん」からスタート。
発見がある街歩きを楽しもう。世界が注目するダイニング、
そしてクラフトビールをナイトキャップに。

Start 1
包仔的店

朝は行列だけど10時ごろは
ひと段落していることも。
店の前ですぐ頬張るか、
近くの公園のかわいいすべり台で。

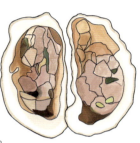

2
HEXA

通りを気の向くまま
散歩して腹ごなし。
スペシャルな
コーヒーを飲みに。

3
心樸市集

歩いて5分ほど。
ここでもコーヒーや
スムージーで一服して
お買い物ができます。

4
Cha Cha The

3の目と鼻の先に。
美しくて目移りするお茶がずらり。
大事なおみやげをじっくり選んで。

5
驥園川菜餐廳

おひとり様でも楽しめる
鶏スープの店。
せめて前日に予約を
するのがベター。

86 　歩いてまわる台北5エリア

area **D** 緑多き最先端。東区、台北101界隈

Last
11
啜飲室 大安

ホテルから歩いて
3分のビアバー。
だから酔っても大丈夫？
地下にはダーツバーがある。

10
キンプトン大安ホテル
（金普頓大安酒店）

9からは10分強。
屋上のルーフトップバーも
楽しい。

9
MUME

余裕があればホテルへ戻り、
着替えてから出かけたい
ファインダイニング。
ちょっとおしゃれして、
10分ほどそぞろ
歩くのもいい。

8
初衣食午

誠品書店の始まりと
いわれる敦南店がある
きれいな並木を通って
10分ほど。

6
一禾堂

仁愛路のロータリーを通って5分ほど。
おみやげ用、滞在中に食べる
自分用のパイナップルケーキを。

7
妞媽小舗時尚選物

6のすぐ前。
セレクトショップながら
お茶も楽しめる。

通いつめ、すすめまくった、愛しの肉まん。

Map P.118

1 包仔的店
バオザイダディエン

★ここは皮と豚のバランスが最高なので、豚まん＝新鮮上肉包を。

　なんでも食べ比べたくなる性分で、台北で最初にハマったのが、小籠包でも水餃子でもなく、肉まん。でもここは、九州人的には「豚まん」と呼びたい。皮はむっちり系、餡は肉感がしっかりで、シンプルに塩味のみが好き。餡が好みでも皮がふわっとしすぎていると、がっかり。たかが豚まん、されど豚まんで食べ歩いた結果、ここのバランスが最高！と。さらに、甘いチャーシューが入った小ぶりの「又焼包」もうんまい。以来、通いつめている。
　日本から行く友人にもどんどんすすめた。台湾の友人にもすすめたら、気に入っておみやげにして、近所なのに知らなかった、という友の友へ、さらに友へと伝播。今やみんな大好き。おいしいものはすぐ広まる、を実感している。
　朝だけのメニューもあるので、朝はいつも長い列に。昼も、そして夜もやっているから、仕事の行き帰りにバイクで買いに寄る人も多い。
　「看板が新しくなったね」と言ったら「最近は、取材も増えたよー、日本の本にも載っている」とお母さん。「包！」と書かれたTシャツを着た、親切なお兄さんのリードで店はますます上昇気流に乗っている。

DATA
台北市大安區
大安路一段223號
⏰6:30〜21:30／
土〜20:00、
日〜12:00（無休）

88　歩いてまわる台北5エリア

きれいな街並みを散歩。おいしいコーヒーとひとり時間。

Map P.118

2 HEXA

台北でも「このあたりに住みたい」と言う人が多いと聞く。住宅が並ぶ途中にぽつぽつとセンスいいなーと思う店がある。だから裏道を散歩してみると、毎回、新しい発見が。ここでは、おいしいカフェオレといっしょに窓側に陣取って、その日のプランを練ったり、旅日記を書いたりして過ごす。白い壁にピンクのブーゲンビリアがまぶしい。"時間に追われない私の時間"をぜひ。

★併設された小さなセレクトショップを眺めると、日本とはまた違うセンスに触れられる。

DATA
台北市大安區四維路76巷9號
11:00〜19:00(不定休)

area D 緑多き最先端。東区/台北101界隈

イートインコーナーも併設。生活に根ざしたオーガニックスーパー。

Map P.118

3 心樸市集
シンプゥシージー

オーガニックショップが増えている台北。ここもそのひとつ。高級住宅街にあるがゆえか、リアルに日々食べるオーガニックのよき食品がそろう。缶詰やレトルトが充実しているのも興味深い。

おすすめは、その缶詰。魯肉飯やパイナップル(缶詰でもおいしい)。そして忘れずにゲットしたいのがオリジナルのピーナッツとカシューナッツのクリーム。びっくりなおいしさ。私はお醤油と混ぜて、たれにしています。

DATA
台北市大安區四維路45號
8:30〜22:00(無休)

それはそれは、美しい。お茶&茶菓子。

4 Cha Cha The

これほどまでに完璧なパッケージだと、それだけで「もうその箱が欲しいわ」と思いませんか？ 実際、ここの箱は丈夫なこともあり、わが家ではいろんな入れ物として使っています。

中身も負けずに美味。お茶の他には、パイナップルケーキや紅茶のゼリーがおすすめで、組み合わせて入れてもらえます。

大切な人へのおみやげに。もらった人の歓声が聞こえそう。

DATA
台北市大安區復興南路一段219巷23號
11:00～22:00（無休）

「砂鍋土鶏湯」一択。うれしいおひとり様サイズもある！

5 驥園川菜餐廳
ジーユエンチョアンツァイツァンティン

Map P.118

areaD 緑多き最先端。東区、台北101界隈

DATA
台北市大安區敦化南路一段324號
11:30〜14:00、17:30〜21:30
（無休）

　スペシャリテは、台東の地鶏を10時間以上かけて土鍋（砂鍋）でじっくり煮込んだスープ。このスープだけは、これを考案し極めたシェフが1階にある専用厨房で作っているという。煮込んでうまみを出し切った鶏は食べずに、そこに若鶏を入れて供される。これがただ長く煮込んだだけではない、唯一無二のスープ。体の芯から温まり、全身のすみずみまで、なにかよきものが行き渡る。台湾うまみスープのキングだ。

　実はここは、四川料理店。大勢で行くなら、台湾らしく本場よりマイルドな四川の逸品もぜひ（いろんな店で食べられる四川名物の「蒜泥白雲肉」も、ここのが好き）。おひとり様なら、スープと3品前菜、締めの麺のセットを。300席ある店だけど、グループなら予約必須です。

材料にこだわるパン屋さんのイチ押し、パイナップルケーキ。

Map P.119

6 一禾堂
イーフータン

ここのパイナップルケーキには"ひと口ぼれ"した。パイナップル餡は甘みのある「金讚鳳梨」と、酸っぱい在来種の「土鳳梨」の2種類を混ぜ合わせて作っているそう。噛むと、パイナップルの甘酸っぱい果肉と繊維を感じる。さらに、口の中には台湾のあの！おいしいフレッシュパイナップルの香りが広がる。パッケージもシンプルでかわいい。

焙茶（ほうじ茶）、玄米など、珍しいフレーバーの豆乳もおすすめ。

DATA
台北市大安區敦化南路一段233巷34號
🕙 10:30〜21:00（無休）

かわいくって心優しき女子が、笑顔で迎えてくれる。

Map P.119

7 妞媽小舖時尚選物
ニウマーシィアオブーシーシャンシェンウー

★特に、ここでしか見たことがない、はちみつがおすすめ。

LAのシャツブランド「Rails」や、国内外からセレクトされたカジュアルだけど洗練された服と雑貨がそろう。「え？なぜ台北で？」。そう、私にとっては「旅＝休日」だから、ショッピングも楽しみたくて見つけたお店。スタッフの女子が気取ってなくて、お買い物が緊張することなく楽しめる。

ショップインショップで、台湾国内から集めた、おいしくて体にいい調味料や食品を扱う店とカフェもあります。ひと息入れて、大人のカワイイを探そう。

DATA
台北市大安區敦化南路一段233巷20號
🕙 11:00〜20:00（無休）

最旬セレクトショップと、パティスリー「山蘭居」も楽しめる。

Map P.118

8 初衣食午
チューイーシーウー

日本のブランド「sacai」や「TOGA」なども扱うセレクトショップ。2階には台湾人デザイナーのセレクトがあって、いつも楽しみにのぞいている。

お隣にある「山蘭居」は、フランスで修業したという女性シェフのカフェレストラン。

DATA
台北市大安區大安路一段90號
🕘 9:00〜21:00／金〜日 10:00〜（無休）

★実は奥にはひっそりとデザインホテルがある。

進化する台湾ファインダイニング。リードし挑戦し続けるシェフ。

Map P.118

9 MUME

リッチーシェフと、一度、仕事でご一緒したことがある。東京の「傳」とのコラボイベントだった。

そのとき感動したのは、チームの絆の強さ、全員の笑顔。チームワークのいい店は、絶対に私たちを幸せにしてくれる。これは「キッチンがピカピカだ」とか「シェフのエプロンと靴が1ミリも汚れていない」とかと同じで、真理だ。もちろん、このふたつも然りで、キッチンは鏡にできそうなほど。

店の近くに構えたラボでは、シェフが寝る間も惜しんで新旧の調理法を試し、あらゆるものを自家製にしている。そして食材は、ついにすべて台湾産になったという。

「アジアベストレストラン50」では、2019年に7位に。香港出身のハンサムなシェフは、台湾を代表するシェフに、アジアをけん引するシェフになった。次は世界。予約が取りやすいうちに急いでGO！

DATA
台北市大安區
四維路28號
🕘 18:00〜23:00
（無休）

area D 緑多き最先端。東区、台北101界隈

世界中でヒップなホテルを展開するキンプトン。"さりげなく、台湾"が、新しくて心地よい。

10 キンプトン大安ホテル（金普頓大安酒店）

NYでキンプトンに泊まって、なんてチャーミングなホテル！ と思った。聞けば、インターコンチネンタルと同じグループだという。大資本だけど、サービスにお仕着せのマニュアル感はゼロで、モダンな5つ星の箱に入ったB&Bのようなフレンドリーさ、絶妙な距離感。それはここ、台北の「キンプトン大安」でも同じ。

実は、インテリアも細部の細部まで台湾らしさにこだわっているけど、これみよがし、じゃない。「このカーペットは、台北の昔ながらの家にある幾何学的なタイルの柄をモチーフにして作ったものなんです」と聞いて、ええ？ なるほどー、と。そう言われてみれば！ たしかに。

アメニティのシャンプーもオーガニックなのはもはや当たり前で、台東の烏龍茶葉のエキスがしのばせてあったりする。

上品にさりげなく"今の台北"を感じる、キンプトンの手にかかるとこうなるのだ。

area D　緑多き最先端。東区、台北101界隈

　印象的な部屋のグリーンの壁は、人がいちばんリラックスできる色を探し続け、たどり着いたという。夜の柔らかい照明のもとでは、目に優しく癒しを、朝の光のもとでは、さわやかに元気をくれた。

　自分の家だったら、と妄想してしまう、レセプションに隣接するリビング&ダイニングでは、朝はコーヒー、夜はワインやカクテルが楽しめる。最上階のルーフテラスがついたバーもおすすめ。

　もし台北に住むならここに住みたいと思うアドレス、大安に、このホテル。暮らすように過ごしたい。

Data
台北市大安區
仁愛路四段27巷
25號

デザインホテルに泊まろう！

ホテル選びは私の旅の楽しみのひとつ。加えて50歳を過ぎてからは、翌日に疲れを残さないための重要な要素になった。台北には設備が整った清潔でサービスのよいホテルがたくさんあるが、中でもこの5、6年で増えてきたデザインホテルをおすすめしたい。なぜなら、各ホテルのコンセプトやインテリアに、台北の今を感じられて興味深いから。

本書で紹介している他にも、スウィーオ ホテル大安（二十輪旅店）、HOME HOTEL大安、ホテル エクラタイペイ（Hotel Eclat Taipei）、ホテルプロバーブズ タイペイ（賦楽旅居）、アンバ台北 シメンディン（台北西門町意舎）などはデザインに加えてロケーションもよいのでぜひ。

台湾クラフトビールをけん引する、醸造所の直営店。

11 啜飲室 大安
チョウインシー ダーアン

台北の隣、新北市に醸造所を構える「台虎精釀（タイフージンニャン）」による直営店。醸造所のラインを借りてオリジナルクラフトビールを造っているメーカーもあるが、こちらは醸造からこだわり抜く。アメリカでビール造りを学んだ醸造責任者のもと、クラフトビール＝少数派だからと、奇をてらうのではなくビール本来の味を追求し、王道を行くという。

たしかにフルーツや台湾茶が入ったものとは違って、"ザ・ビール"の強いうまみ、よき苦み、華やかな香り、キレを感じる。

調べてみると、創業した仲間は冒険者、科学者、アーティスト、ミュージシャン、グラフィックデザイナーなどがいて、型にはまらない情熱を持っていると知った。なるほど、ロゴにも店の内装にも営業スタイルにも、店に立つサービスの人たちにも、それを感じる。だから私はこの店が好きなんだと思う。

Map P.118

台北101の近くにもある！
啜飲室 Landmark

Map P.119

　ブルックリンの裏通りに迷い込んだような「啜飲室 大安」も、建物にすぽっとタップが並ぶ箱が入ったような「啜飲室 Landmark」も、働いてる人が店と自社ビールをプラウドしていて気持ちいい。

　まずは、王道のIPAをぐびっと、そして気になるタップを数種、啜飲＝ちびちびいってみてほしい。

DATA
台北市大安區仁愛路四段27巷34號
🕐17:00〜24:00／金・土 〜24:30／日 〜23:00（無休）

DATA
台北市信義區忠孝東路五段68號
🕐17:00〜23:30／金・土 15:00〜翌1:30／日 15:00〜23:30（無休）

ビールがアツい!?

台湾でビールと言えば、「台湾啤酒（タイワンピージウ）」。日本統治時代に生まれた「高砂ビール」がルーツで、ずーっと専売品だった。しかし2002年に自由化されると、新規参入が相次ぎ新たなビールが続々と誕生するようになる。
民間第1号の醸造所で、いくつものビアハウスを展開する「金色三麦」やKAVALANウイスキーで知られる醸造所の「Buckskin（柏克金）」など、比較的大規模なものから大手醸造所に委託してビールを造る小さな会社のものまで百花繚乱。ビール市場は熱気むんむんで、台湾の新たな名物になっている。

Next Recommend
まだあるおすすめ

――［ 小 吃 ］――

極品光復素食包子
ジーピングァンフースーシーバオズ

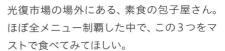

ベジまん！あり！
必食は3つ。

光復市場の場外にある、素食の包子屋さん。ほぼ全メニュー制覇した中で、この3つをマストで食べてみてほしい。

●四季豆素包：意外なことに、インゲン豆を皮ごと細かく切って炒めたものが入っている。美しいグリーンと食感が最高！

●客家酸菜包：おなじみの発酵した酸っぱいキャベツ

●芝麻甜包：ごまあん。甘さはかなり控えめで、ごまごましているのがよい

DATA
台北市信義區光復南路419巷95號
🕐 6:00〜13:00（月曜休み）

Map P.119

――［ 小 吃 ］――

周家豆腐捲
ゾウヂアドウフージュエン

豆腐を中に包み込むなんて！

極品光復素食包子の斜め前にある。ここの豆腐を巻き込んで揚げ焼きした、「招牌豆腐捲（ネギ餅のネギが豆腐になったような感じ）」が私の大好物。店先の大鍋で豆腐を大量に炒めているのが目印です。味は実に淡白で、だからかえって何個でもイケる。こちらは、店内で食べることもできます。

★お店は13時頃まで。売り切れになるものもあるので、午前中にぜひ。

国父紀念館から光復市場へ

「光復市場」は、国立国父紀念館がある中山公園から歩いてすぐのこぢんまりした市場。ちなみに、国父紀念館の「国父」とは孫文のことでこの建物は生誕100年を記念して建てられた。衛兵の交代式を見られたり、中華民国の歴史や孫文についての展示もある。公園は美しく手入れされ、週末には台湾各地の特産品フェアやさまざまなイベントが開催されている。

中華民国総統就任時の宣誓が行われたこともある場所。ここで飲食していいのかな？ と思いつつ、ダンスの練習をする台北っ子たちを見ながら、市場で買ってきた万頭をこちらの公園でいただくこともしばしば。

ところで、「光復」とは失われた国土の回復を意味する古い中国語で、「台湾光復」は日本の植民地支配からの解放を意味する。

★ほどよい広さの市場なので、ぐるりとまわってみて。入口からすぐの「光復一元竹」は、麺と白包子（具が入っていない万頭）がおいしい。

Data
台北市信義區光復南路419巷106號
⏰ 6:30〜15:00（無休）

Map P.119

Data
台北市信義區仁愛路四段496巷19號
⏰ 6:00〜14:00頃
（営業時間、定休日ともに店舗により異なる）

Map P.119

── [レストラン] ──
天下三絶
ティエンシアサンジュエ

ハイエンドな空間で、牛肉麺！

とろっとろに仕上げられた肉に、澄んだスープ。まぎれもなく台湾名物の牛肉麺だけど、あか抜けている。他の料理も然り。ストリートフードなイメージの排骨飯（台湾風とんかつ）も、上質な肉と油のおかげで揚げ物ながらもすっきり。少し苦手になってきたこってり、ぎっとりを上手に取りはらってくれて、かつおいしく洗練させているのがオーバー50にはありがたい。化学調味料はなし、食材にも徹底的にこだわっているという。このあたりのマダムが嬉々として召し上がっているのも納得。インテリア畑出身というオーナーの、ほどよくゴージャスな内装、清潔感にバブル世代はほっとする。ランチにおすすめ。

★2019年、ミシュランガイド台北でビブグルマンに。

Data
台北市大安區仁愛路四段27巷3號
🕐 11:30〜14:30、17:30〜20:30／金・土 〜21:00（無休）

Map P.118

100　歩いてまわる台北5エリア

―{ ビーガンレストラン }―

Plants

**ベジパラダイス台湾だからこそ、
レベルの高いビーガン！**

ビーガン（完全菜食主義で乳製品や卵を取らない）、グルテンフリー（小麦などグルテンを含む食品は取らない）、そしてオーガニックのレストラン。

私は、ビーガンでもベジタリアンでもないけど、ここはおいしいから大好き。どうしても食べまくってしまう台北で、ここに来ると身体がリセットされるような気分になる（あくまで気分）。アサイー、バジルシード、チアシード、カカオニブなどのパワーフードも充実している。

店の雰囲気も、凛として健やかなスタッフのみなさんも好感度高し。同性婚が認められた台湾、LGBTQを応援するポスターやバッジも置いてある。

Data
台北市大安區復興南路一段253巷10號
11:30〜21:30／
火〜木 10:00〜（月曜休み）

Map P.118

area D 緑多き最先端。東区、台北101界隈

―{ 食材 }―
掌生穀粒糧商号
ジャンショングーリーリャンシャンハオ

**台湾で生まれ育った農産物こそ、
台湾のパワー、エネルギーを表すもの。**

ある朝、走っていて、気になったのはこの店の裏口だった。きれいに整えられていて、のれんにあるロゴにも意志を感じた。何の店だろうか？と気になって訪ねたら、厳選された台湾の農産物や農産加工品がずらり。
米どころでもある台湾で、大切に育まれた米や有機栽培の特別な茶葉、濃厚で混じりけのないはちみつ。いろいろ試した結果、ここにあるものは本物だなと感じている。
「いい作家さんは、原稿に一文字一文字、自分の思いを刻みます。農家も同じように畑を耕し、ひと粒をひと言、一行のように大切にしています。私たちはそれを編集して届けたい。この土地のよさを知ってほしい。この島は命

の共栄と多様さを尊重し合うから豊かなのです」とはオーナーの言葉。

DATA
台北市信義區仁愛路四段518號
🕙 10:00〜18:30（土・日曜休み）

Map
P.119

―{ ファッション }―
easyoga

台湾発、人気のヨガウェアブランド。

うちのお隣のセンス抜群の超美人が「ヨガウェアとしておすすめよ」と教えてくれたのがここ。台湾発、今やアジア圏で超人気ブランド。ウェアだけものすごく決まっている！のは避けたいお年頃。ほどよくスタイリッシュで、何しろ着心地がいいのが気に入っています。

DATA
台北市信義區逸仙路48號
🕙 10:30〜21:00（無休）

Map
P.119

102　歩いてまわる台北5エリア

―――| 食材・雑貨 |―――

微風南山・新光三越信義新天地・誠品信義店
ウェイフォンナンシャン・シングァンサンユェンシンイーシンティエンディ・チェンピンシンイーディエン

3軒回れば、いろいろ見つかる！台湾メイドの麺、茶、菓子、調味料。

Map P.119

area D 緑多き最先端。東区、台北101界隈

微風南山は、日本のアトレの海外初出店でも話題になった大型ショッピングモール。地下のイケてるスーパーマーケットには、台湾各地のこだわりの調味料や麺、お茶などがあり、毎回、連れて帰りたくなる。ここは缶のクラフトビールも充実しているので、気軽なおみやげにおすすめ。生鮮品や輸入食材も眺めているだけで、いろいろ妄想して楽しめる。

新光三越信義新天地は、何棟もの建物に分かれている巨大百貨店。台湾中からセレクトした美味なるものの売り場「好好集」では、台東の茶葉などがおすすめ（P.162参照）。甘さ控えめでおいしい＆配りやすいおみやげ「SUGAR SPICE 糖村」のヌガーはここでも買える。台中生まれ、タピオカブームの先駆者、「春水堂」もある。

誠品信義店は、全館に台湾のブランドやおいしいものがある。お気に入りのハンドメイドのアクセサリーの店もここに（P.165参照）。市中の小さなセレクトショップにある有機のドライフルーツや調味料は、案外ここでも見つけられる。

急いでおみやげを、というときは、このあたりを上手にぐるっと回るとそろいます。

DATA
微風南山 台北市信義區松智路17號
🕐 11:00〜21:30／木〜土〜22:00
レストランフロアは店舗により異なる（無休）

新光三越信義新天地
台北市信義區松高路19號／台北市信義區松寿路9號／台北市信義區松壽路11號
🕐 棟により異なる（無休）

誠品信義店 台北市信義區松高路11號
🕐 フロアによって異なる（無休）

[甘 味]

北門鳳李冰
ベイメンフェンリービン

**油脂分なし。身体に優しく、
素朴で懐かしいアイス。**

うーむ、字がきれい。初めは黒板のメニューを見てうなりました。この文字の美しさは、結局この店のアイスの味そのもので、静謐(せいひつ)で凛として上品、優しい。ともすれば、優しい味＝ぼんやりとした味で、誉め言葉ではない場合もあるけど、ここでは大絶賛としての優しい味。

子供の頃、チリンチリンと鐘を鳴らしながら移動式の小さな屋台で売られるアイスクリンというのが、わがふるさと長崎にあり、それが油脂分のないシャーベットに近いアイスだった。ここのアイスも、聞けば沸かした湯、砂糖、原料だけで作られているそう。だからなのか、単なるおいしさに加えて、懐かしさが込み上げてくる。

きめ細かいシルクのような触感の荔枝(ライチ)や鳳梨(パイナップル)、桂圓(ロンガン)、少し天然の油分を感じる花生、緑豆もおすすめ。「混搭」と書いてあれば2種盛りにできる。ところで、ここは台北の北門からかなり離れているのに、なぜ北門？ といつも思っていたら、宜蘭にある「北門」という、約30年もの歴史を持つ老舗かき氷店がルーツなのだとか。次に宜蘭へ行ったら訪ねたい。

★食後のデザートにふらりと寄りたい。

DATA
台北市大安區忠孝東路四段216巷33弄9號
🕛 12:00～21:30(無休)

Map P.119

―[ドリンク]―

花甜果室
ファーティエングォシー

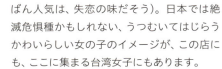

じんわりくる。少女のような、台湾女子のかわいさ！

メニューの「失恋的滋味」は、桜の花びらに、レモン、はちみつ、ばら。「初恋百香檸檬」はレモンとパッションフルーツ。なんてかわいすぎるネーミング（しかもいちばん人気は、失恋の味だそう）。日本では絶滅危惧種かもしれない、うつむいてはじらうかわいらしい女の子のイメージが、この店にも、ここに集まる台湾女子にもあります。

実際は、自立する強い女が多い（気がする）台湾だけど、なんだろ？ このかわいさ。自分にもそんな頃があったのか？ なかったか？ 思えば遠くへ来たもんだ。なんてつぶやきながら、身も心もデトックスできそうな、甘さ控えめのフルーツドリンクをどうぞ。

Data
台北市大安區敦化南路一段
160巷40號
🕐 13:00～20:00（無休）

Map
P.118

area D
緑多き最先端。東区・台北101界隈

―[甘 味]―

東區粉圓
ドンチューフェンユェン

ずらっと並ぶトッピングに興奮。
指さし注文でカスタマイズしよう！

Map
P.119

Data
台北市大安區
忠孝東路四段
216巷38號
🕐 11:00～23:00
（無休）

言わずと知れた、と言いたくなる超人気店。屋台から始まり、今や40席以上あるお店に。それでも、連日超満員。おいしい味が生む"台湾ドリーム"です。毎日その日に作った分だけを売り切るまじめさ、誠実さ＝おいしさなのかも。23時までやっているので、テイクアウトしてホテルでゆっくり食べるのも◎。

——［ かき氷 ］——
小時候冰菓室
シャオスーホウビングォシー

**見てよし、撮ってよし、味よし！
童心にかえって、てんこ盛りのかき氷を。**

店名は、"子供の頃のかき氷屋さん"という意味らしい。貼ってあるポスターや飾ってある雑貨は80年代のものが多く、その頃はもう大人だったな…、と遠い目になりながら、懐かしい雰囲気の中でいただきます。
やっぱりイチ押しはマンゴーに牛乳プリンがのっかった「芒果牛奶冰」。氷もプリンもフルーツも食べたいよね。そうそう、よくわかっていらっしゃる。黒糖シロップの苦みもいい仕事してる。「西西里瓜冰」はスイカがこんもりに、練乳、抹茶。なんという映えビジュアル。しかも味もよいのです。

大人には、ふたりでひとつくらいがほどよき量かも。待つことはある程度覚悟してGO。

Data
台北市大安區大安路一段51巷39號
🕐 13:00〜22:00（無休）

Map P.118

106　歩いてまわる台北5エリア

―[スイーツ]―
Cher Mouton 姆桐 花蛋糕
ムートン ファーダンガオ

花があふれる乙女なケーキと有機日月潭紅茶。

とにかくケーキがこっぱずかしくなるくらいかわいい。直径12cmくらいの小さめのホールケーキがたまらなくかわいい（2回言う）。
モダンでスタイリッシュなものが多い大安近辺で、徹底した甘い世界観に惹かれて入ってみたら、スポンジは台湾流甘さ控えめでお味がよく、癒されました。日月潭の有機栽培の紅茶も、「蘭姆葡萄夾心餅（レーズンサンド）」も美味。

DATA
台北市大安區
四維路76巷1號
🕐 11:00〜19:00（無休）

Map P.118

areaD 緑多き最先端。東区、台北101界隈

―[甘味]―
御品元傳統手工元宵
ユーピンユエンチュワントンショウゴンユエンシアオ

通化街夜市の台北っ子に愛されるデザート。

夜市は夕食の後、腹ごなしの散歩でデザートを食べに行くことが多い（腹ごなしにならない？）。中でも通化街夜市にあるここは、1、2を争うおすすめ。
熱々の湯圓に冷たい金木犀のシロップがかかった「冰火湯円」。たっぷりのごまやピーナッツの餡、ゆでたて、もっちもち、熱々の湯圓と冷たーい氷は未体験ゾーンなはずだけど、なぜかどこか懐かしい味。金木犀のシロップは追いがけも自由なので、思う存分かけて味わって！

DATA
台北市大安區通化街39巷50弄31號
🕐 18:00〜24:00／土・日 17:30〜（無休）

Map P.119

通化街夜市 (トンホァジェイエシー)
通化街と臨江街がクロスする十文字地帯にあり、台北っ子に愛される（あまり）観光地化していない夜市。MRT信義安和駅からも歩けるし、六張犁駅からも徒歩圏内。
いちばんのおすすめは、とにかくぷらぷら楽しく見て歩き、「おいしそう！」を食べること。空気感にドキドキするローカルを感じられる夜市だから、目当ての店だけを探すとちょっともったいない。屋台ながらミシュランガイド台北2019のビブグルマンに選ばれた「**梁記滷味**」や「**駱記小炒**」もこの夜市にある。六張犁側に近い「**上海生煎包**」（いつも行列！）も行ってみて。

―[豆花]―
庄頭豆花担
ヂュアントウドウファダン

**豆花は黒豆と大豆が味わえる！
トッピングもすべて自家製。**

台湾では、懐かしい味を「古早味」と表現するそう。ここは、そう書かれてはいないけど、外観にも内装にも味にも古早味を感じる店。というのも、昔は豆花にも多かったという黒豆を使ったグレーっぽいものと、大豆を使った白の両方がいただける。食べてみると、黒豆のほうにコクを感じる。黒と白、半々もお願いできる。

トッピングはすべて自家製で、常に10種類以上あるそう。私の定番は、紅豆、緑豆、薏仁。いつもはシンプルが好きー、とか言いながら、ここへ来るといろいろのっけたくなる。何しろ、トッピングし放題だから。そりゃのせるのがおばちゃん心というもの。たくさんのせて、ぜひ。

★このペパーミントグリーンの外観は、虫よけ効果がある色だとか。だから昔はこの色の建物が多かったともいわれています。

DATA　　　　　　　　　　Map P.118
台北市松山區市民大道四段73號
⏰12:00〜22:00／金・土 〜23:00（無休）

―― 豆花 ――
騒豆花
サオドウファ

フルーツと豆花。ありそうでなかった、食後に幸せな組み合せ。

昭和の喫茶店のような店だ。ここではフルーツと豆花の組み合わせをぜひ。おすすめはスイカ。夕食の後にふらりと寄りたいところ。

DATA
台北市大安區延吉街131巷26號
12:30〜22:30（日曜休み）

Map P.119

―― 豆花 ――
山水伯豆花
シャンシュイボゥドウファ

レトロな店内、シンプルな豆花。地元の学生さんが通う店。

たまたまかもしれないけど、行くといつも制服の高校生たちがいる。学校の帰りに寄りたくなる店なんだと思う。ここはレモン味があることでも知られるけど、私はいつもスタンダードを。

Map P.118
DATA
台北市
大安區四維路
154巷29號
11:30〜
21:30／
土 〜18:00
（日曜休み）

―― 豆花 ――
大安古早味手工豆花
ダーアングーザオウェイショウゴンドウファ

庶民派食堂ストリートにある甘味屋さん。テイクアウトで。

大安あたりに泊まっていたら、食べて飲んだ帰りに寄りたい店。超シンプルな豆花を1杯テイクアウトして、お風呂上がりにつるんといただきます。いつも単品豆花を。甘さ控えめ、台北流のシロップがいい。

Map P.118
DATA
台北市大安區
信義路四段
60巷78號
11:00〜
21:30
信維市場の食堂街に。

―[レストラン]―
KIKI 餐廳 延吉創始店
ツァンティン イェンジーチュアンシーディエン

台湾で知らない人はいない!?
四川料理の店。KIKI 麺もぜひ。

台北で、おみやげにと「KIKI麺」をいただいた。汁なしの麺がインスタントなのにおいしい。そこで訪ねてみたのが1号店。1991年に台湾の著名な方々の出資で生まれたそう。2019年現在、四川料理が5店舗と麺の専門店、そして、京都にはゲストハウスも展開しているとか。
台北には優しめの四川料理も多い中、シェフが成都（四川省）に通うというだけあって、しっかり辛い。

シグネチャーメニューの「蒼蠅頭」はひき肉とニラを炒めたもの。こちらも本気で辛いっ。しかし、アクセントになっている、台湾南部の黒豆鼓が味わい深くて不思議に後を引くのだ。いつも盛況なので、事前に予約を。

DATA
台北市大安區光復南路280巷47號
🕐 11:30〜15:00、17:30〜22:30／
日 〜22:00（無休）

Map P.119

―[レストラン]―
東雅小厨
ドンヤーシャオチュー

「身体を作る＝食材にこだわる」。
料理研究家による元気になるごはん。

生産者である農家を訪ね、鶏肉の育つ環境を見極める。豆製品も有機で、卵も自然なものに、とすべて自ら確かめた食材を使用。化学調味料なし、塩分、脂肪も控えめで、おいしい料理を提供している著名料理研究家による店。中華の伝統的な手法は守られ、しかし軽やか。何より、野菜の味がしっかりする、湯葉の味がしっかりする。疲れ気味で台北に着いたら、まずここから始めることにしている。

DATA
台北市大安區
濟南路三段7之1號
🕐 11:30〜14:00、
17:30〜21:00（無休）

Map P.118

110　歩いてまわる台北5エリア

―{ レストラン }―
FIFI茶酒沙龍
チャージウシャーロン

つややかな台北の夜を、
上海×四川ミックスのモダンチャイナと。

★1階はブティック、2階がこちらのレストラン、3階は「W」という人気のバー。

「落ち着いていてセンスがよくて、ワインが飲めて、料理がおいしい店を教えて」と台北の友人に聞いたら教えてくれたのがこちら。ファッションデザイナーである、温慶珠氏・FIFIによるレストラン。メニューは、彼女が幼い頃から食べていたという、上海と四川がバランスよく合わさった家庭料理。ゆで卵をスライスしてピリ辛に炒めたものや、四川の定番前菜「雲白肉（うす切りの豚ばら肉をゆでたもの。ニンニクだれで食べる）」も、シンプルながらとても印象的。彼女の審美眼で集められたアンティークとともに、ワインを飲みながら台北の夜を満喫して。

DATA Map P.118
台北市大安區
仁愛路四段15號
🕐 11:30〜14:30、
18:00〜24:00／
金・土 〜翌1:00
（無休）

area D 緑多き最先端。東区、台北101界隈

―{ レストラン }―
吉品海鮮餐廳 信義店
ジーピンハイシェンツァンティン シンイーディエン

本格＆トラディショナルな広東料理。
香港式点心も30種以上。

きれいでサービス良好で、凝ってなくていいから、誰もが好きなストライクゾーン広めの、説明不要なおいしいものが無性に食べたいときがある。そんなときに訪れます。エレガントな内装、窓の外には並木が見え、喧騒はうそのよう。大人数なら種類豊富ではずれなしの単品料理を、ふたりなら30種以上ある香港顔負けの点心を。朝から活動して、ちょっとくたっとしたお昼が特におすすめ。

DATA Map P.119
台北市信義區
信義路四段236號2樓
🕐 11:30〜14:30、
17:30〜21:30（無休）
日本語メニューあり。大人数の場合は予約を。

―[バー]―
Draft Land

謎のカクテルタップが並ぶ、「アジアベストバー50」に輝いたバー。

ずらりと並ぶタップ。店名にも付いている「ドラフト」は、生ビールではなく、すべてカクテル。驚きのカクテルタップバーである。注文を受けてからカクテルを作る、のではなく、あらかじめできているから、ちょいと味見もOK。カクテルに使われているお酒のラインナップを見て、味見して、気に入ったカクテルをどうぞ、なシステムだ。
このニューウェーブバー、オーナーはまだ30代半ば。バーテンダーから起業し、今は香港にもお店を持つそう。スピリッツの知識ゼロでも、気軽にカジュアルに、カクテルが楽しめる。

★2019年の「アジアベストバー50」で、45位に。ちなみに台湾では、台北のここを含む3店舗がランクインしている。

DATA
台北市大安區忠孝東路四段248巷2號
🕐18:00〜翌1:00（無休）

Map P.119

―[ワインバー]―
肯 自然 Can Nature
スーズーラン

台北でヴァン・ナチュールを飲むなら、ここしかない！

バーをはじめとするアルコール文化がようやく熟成してきた台北。そんな中、長いこと探していた自然派ワインの店が見つかった！ ここは東京にも負けないラインナップ。価格も良心的です。
今はまだ、食事をしながらお酒を飲む店は少ない台湾だけど、そのうち、ペアリングの楽しさがもっと広がるんじゃないか？ そんなことを思いながら、がっつり夕食を食べてから、ここへ足を運んでいる。

DATA
台北市大安區
大安路二段53巷4號
🕛 12:00〜23:00（月曜休み）

Map P.118

area D 緑多き最先端。東区、台北101界隈

―[マッサージ]―
沐心苑健康養生館
ムーシンユェンジェンカンヤンショングァン

清潔な店で女性を指名できる、そして気軽に行きやすい。

大規模マッサージ店の気楽さで行けるけど、落ち着いていられて、女性のマッサージ師さんを指名できて、なおかつアロママッサージも可能な店を探して出合ったところ。
夕食や飲みに行くことの多いエリアにあって、とっても便利。肩と脚、全身など部位と時間のリクエストにも応えてくれます。希望

すれば、「ニールズヤード」のオイルでのマッサージも（要追加料金）。日本語もOK。

DATA
台北市信義區光復南路240巷34號
🕛 10:00〜23:00（無休）

Map P.119

113

―[ファッション・文化]―
松山文創園區
ソンシャンウェンチュアンユエンチー

文化創意園区の誕生と台北ラブ。

2000年以降、台湾各地で「文化創意園区」と呼ばれるギャラリーや劇場、アーティストによるショップやカフェ、書店、公園などが集まった複合的な文化施設が誕生し始めた。この「創意」には、従来の文化的事業に加えて、クリエイティブな要素や夢のあることを興そう、という意味が込められているのだとか。台北ではまず、酒造工場の跡地が「華山1914文化創意産業園區」になり、そしてたばこ工場の跡地がここ「松山文創園區」へと生まれ変わった。いずれも、ついつい高層ビルやらを建てて不動産価値を最大限に高め、活用したくなるような街の一等地にある。

でも、台湾の人たちは文化創意を選んだ。結

果、誰もが自由に入れて使えて、楽しくなる場所が生まれた。私たち旅人もうれしいし、みんなの台北ラブな気持ちも増したと思う。長い間、巨大な工場を囲んでいた高い塀がなくなり、街の真ん中の空間が開け、「空が広くなった」「街全体がなんだか明るくなったよ」という声も聞いた。

実際ここに立つと、なんと緑の豊かなことかと思う。そして旧たばこ工場の中を歩いてみれば、丁寧に手間暇かけて生き返らせた階段、柱、壁、ひとつひとつが最高にかっこいい。アジアが誇るリノベの天才です。

こんな活かし方が台北に限らず、台中、嘉義、台南などでも大小さまざまに行われているなんて。かなうなら、時間がかかってもすべて見に行きたい、と思うのだ。

DATA
台北市光復南路133號
園外は24時間開放／園内は店舗により異なる

Map P.119

松山台北文創ビル

中心に建つ商業・オフィスビルは、エッジが利いているのに古い建造物と不思議に融合している。伊東豊雄氏による設計だ。
ここの商業施設には、多くの台湾ブランドが並んでいる。だから普段は台湾であまり見ないかもしれない洋服をチェックしてみてほしい。中でも「VACAE」「VIGAWANG」「WHIPLE」は、いつものぞいている。台湾ファッションで言われるファンシーさはなく、いい塩梅にニュアンスがある。人とかぶらない、大人の服が見つかると思う。

area D 緑多き最先端。東区、台北101界隈

―― [ホテル] ――
誠品行旅
チェンピンシンリュー

**静謐、上品、しかし気取りすぎない。
部屋からの街の眺めはプライスレス！**

旅好きでホテル好きな私のなかで、一気にアジアの都市のホテルベスト5にランクインしたホテル（あくまで当社比）。
華美すぎず大きすぎずの絶妙なバランス、書棚に並ぶ背表紙から落ち着きをもらえるロビー、ミッドセンチュリーな部屋のインテリア。窓からの眺めは、朝よし、薄暮よし、夜よし、の得がたいもの。大人っていいわー、と思える時間をぜひ。

DATA
台北市信義区菸廠路88號
ホテルも松山台北文創ビル内に。MRT市政府駅までは徒歩10分ほど。台北駅や中山を通る幹線バスが止まるバス停へは徒歩5分。台北駅まではタクシーで250元ほどで行ける。

Map P.119

―[小吃]―
味家魯肉飯
ウェイジャールーローファン

いつも心にこの店の滷白菜を。
やめられない止まらない魯肉飯。

松山文創園區（P.114）から市政府のほうへ向かう私のランニングコースの途中に、朝も夜も人だかりができている店があった。バイクやタクシーを止めて買っていく人、店で食べていく人がひきもきらず。
あるとき私も並んで、魯肉飯と滷白菜を買ってみた。食べてみると、なんとなんと、美味ではないか！ 特に、とろっとろに仕上がった滷白菜が抜群で、魯肉飯にのせて食べるとたまらない。うまみは濃く塩味は淡く、いくらでも食べられそうで怖くなる。以来、日本で滷白菜を作るときに目標にしている味。
4回目の訪問で、きびきびと働くお母さんに「誰が作っているのですか？」と聞いたら、はにかみながら「みんなで」という答えが。た

ちまち、さらにファンになった。
粽（ちまき）もとてもおいしい。タクシーの運転手さんが寄る店はうまい！ は、ここでも真実だった。出会いに感謝。

DATA
台北市信義區忠孝東路四段
559巷18之1號
🕐 11:00〜20:30（無休）

Map P.119

―[お茶]―
十間茶屋
スージェンチャーウー

美しさは、おいしさ。ひっそりと咲く洗練のティーサロン。

まずは、美しいウイスキーの小瓶にボトリングされているお茶を試してほしい。自分で入れても（絶対に）こうはいかない。お茶の道の厳しさと難しさを感じて、くらくらするほどに、美味。ボトルのナンバーは焙煎の深さで違うそう。もちろん味見もできる。3日続けてこれを買いに行ったのは私です（1本90元ほどです）。
その上で好きな茶葉を購入するのがおすすめ。自ら茶畑を持つお茶屋さんと、厳しい目で茶葉をセレクトし仕入れて売るお茶屋さんがあるけど、こちらは前者。南投縣の茶農家の五代目が営むという。
小さくひっそりとあるけれど、洗練された店内、店名、ロゴ、パッケージデザイン。味わい深く静かな超美人ってところか。これは会いに行くしかない。

DATA
台北市信義區忠孝東路四段553巷48號
🕙 11:30～20:00（無休）

Map P.119

―[サンドイッチ]―
真芳
ジェンファン

DATA
台北市信義區
忠孝東路四段
559巷16弄13號
🕙 6:30～13:30／
日 7:30～（無休）

Map P.119

行列必至！三明治＆吐司の人気店。決め手はピーナッツバター。

三明治＆吐司と書くと漫才コンビみたいだけど、サンドイッチとトーストのこと。ここでは迷わずに、「真芳三明治」を。挟んであるポテサラやキャベツ、カツはなじみがあるけど、ベースに塗ってあるのがバターでもマヨでもなくピーナッツバター！なのが特徴。意外な組み合わせだけど、なんで今までやってみなかったのかと思うほど合う。行天宮近くに2号店も。

area D Map

緑多き最先端。東区、台北101界隈

世界が認めたウイスキーを求めて、宜蘭へ

台北から1時間。朝出て夕方には戻れる、2/3 DAY TRIP。

　宜蘭の駅はなんだかかわいい。宜蘭出身の絵本作家、ジミー（幾米）・リャオさんの作品からまるで飛び出してきたようなキリンが駅舎からこんにちは、している。いや、しかし、私たち大人の目的は本格派ウイスキー。駅からタクシーで20分ほどのところに、今世界が注目する「KAVALAN＝カバラン蒸留所」があるのだ。
　「台湾のウイスキー、カバランが、スコットランドのブラインドティスティングでトップになった」「ウイスキーのコンペティションで賞を総なめしていて、シェリーカスク（シェリー樽熟成）が特にすごい」。そんな話を聞いて、亜熱帯の台湾でウイスキー？と半信半疑だった。
　ある夜、台北のバー「EASTEND」でカバランソリストバーボンカスク（単独バーボン樽熟成。シリアルナンバーあり）を飲んでみたら、おおおいしい！　さっそく宜蘭の蒸留所に、酒豪の友を募り訪ねることにしたのだ。

いざ、KAVALAN＝カバランへ。

　カバランは、ここ宜蘭地方にもともと暮らしていた原住民族の名に由来し、このあたりの地名でもあったという。
　台湾はずっと酒類が専売制だったが、2002年自由化された。そこで大手飲料メーカー「金車グループ」(※)がウイスキーに参入。2005年にこの蒸留所を完成させ、

きれいな箱に入れてくれる。さて、いつ開けようか。

蒸留所には見学ルートがあり、蒸留釜をガラス越しに見ることも。

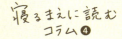

2008年から出荷が始まった。ウイスキーには向かないと思われてきた亜熱帯気候を逆手にとって、熟成が早いことを活かしたウイスキーづくりをしているという。

　世界中からさまざまな樽を集めて熟成させているのも特徴的。熟成庫に並ぶ樽はシェリーだけでも、オロロソやフィノがあったり、バーボン、ポートワインなど幅広い。この多種多様さが、まろやかで深く、ちょっぴりエロい、魅惑的な滴を生み出すのか？

　予約しておけば原酒を自分でブレンドできる。ブレンディングルームへ入ると、まず3種の原酒が配られる。これらの味を確かめながら、自分好みにブレンドしていくのだ。ひとりは、まず1：1：1にして足していく理系らしい方法で。私は本能のまま、いちばん好きなのをがっつり入れて。うーん、楽しすぎる。ちなみに、この3種は飲み干していい（念のための情報です）。決めた3種の割合を紙に書いて提出すると、その割合で作った300mℓ瓶にしてくれる。エチケットに自分の名前も書いて、よき記念に。

　ああそれにしても、田園の中に突如現れる、城のような美しい香り高き蒸留所だった。行きか帰りには、宜蘭の市場へ。名産のネギを使った葱餅や名物のト肉をぜひ。

※街中でよく見かけるコーヒーショップ「MR.BROWN」で有名。ジンも出していたり、ビールは「柏克金啤酒BUCKSKIN」（P.163）で知られていたりと、さまざまな事業を展開する。

DATA

カバラン蒸留所（金車KAVALAN威士忌酒廠）
宜蘭県員山郷員山路2段326號
★台北市内にも、直営の販売店「金車噶瑪蘭威士忌」が多数あり。

台北駅から宜蘭駅までは、列車で約1時間。宜蘭駅から蒸留所はタクシーで20分、300元ほど。帰りのタクシーがいないので、費用を交渉して待機してもらうか、迎えを頼もう。所要時間は、ブレンディングも入れて約1時間半。ブレンディング体験は、MYブレンドウイスキーつきでひとり1500元。オフィシャルHP（http://www.kavalanwhisky.com/）で要予約。1階にほぼ全種類がそろう売店あり。

カバランが飲める台北のおすすめBAR

EASTEND

「ホテルプロバーブズ タイペイ（賦楽旅居）」2階。台北では稀有なハードリカーがきちんと飲める硬派な店。日本を代表するバーテンダー上野秀嗣さんが監修している。
台北市大安区大安路一段56號

宜蘭の市場

「第一（北館）公有零售市場」（こちらは中に食堂があり食べられる）と、「第二（南館）公有零售市場」は、ともに駅から徒歩圏内。名物の「ト肉」は、甘い衣の豚のフリットで長崎てんぷらにそっくり！

東門、永康街と台湾大学
古き面影と歩く

....

古き日本家屋、台北のカルチェ・ラタン。
Upcomingなリバーサイドへ。

にぎやかな永康街を抜けると、生い茂る木々の先にごつい瓦屋根がちらりと見えたりする。それは日本統治時代(1895年から1945年)の建物、大学教授や知識人が暮らした邸宅かもしれない。かつて昭和町と呼ばれていたあたりで、朽ちかけた木造の日本家屋に手をかけつくしてリノベーションし、カフェやレストランとして活用しているものもある。

さらに古亭駅、そして台湾大学へ向かって歩くと、静かでのんびりした通りに和む。専門書や古本の店、小さな珈琲ショップは、学生街が近いことを教えてくれる。

台湾大学がある公館駅の名は、台北鉄道株式会社の路線、万華〜公館間が1921年に開通したときのなごり。つまりこのあたりも古くから栄えていたエリアだ。

学生街のすぐ南には淡水河がある。渡れば隣の新北市だ。倉庫が並ぶ河沿いには、新しいバーやリバーサイドホテルが生まれていて、Upcomingな予感がする。

area E Model Route

市場からスタートして、日本統治時代の日本家屋に
懐かしさを感じ、そして台湾大学へ。ゆったり、のんびり、歩きたい。

Start
1
東門市場

朝のランニングや
ウォーキングの途中に
寄るのもおすすめ。
8時半頃、お腹を
すかせて行こう。

2
永康街

歩いてすぐでがらっと雰囲気の
違う通りへ。店が開き始める
10時〜11時ごろから
にぎわいだす。

3
秀蘭小館

ショッピングを
満喫したらランチへ。
予約をしておくと安心。

4
第8口鳳梨酥
Oneness Pineapple Cake

華やかな永康街を抜けたら
面白そうな道を選んで、
金華公園の方へ向かい5〜6分で到着。

area E 東門、永康街と台湾大学

Last
10
山海楼

9からはタクシーで5分ほど。
豪華な内装と雰囲気でごちそうを。
少しおしゃれして行くと楽しさ倍増。

9
国立台湾大学

とにかく広い。お目当ての
図書館や農場農産品の店も。
迷ったら、学生さんに
声をかけてみよう。

8
大學口胡椒餅

7からすぐ。
外で焼いているから
すぐ見つかります。

7
龍潭豆花

6からは道が楽しく
散歩がおすすめ。
のんびり歩くと30分弱。
タクシーなら5〜6分。

5
手天品社區食坊

4から近い自然派の
焼き菓子屋さん。
できたてがあったらラッキー。

6
TAKE FIVE 五方食蔵

5からすぐ。買い物が済んだら、
外のテラスや中の
カウンターでお茶を。

125

味にうるさい人々に鍛えられた、おいしいものがある！

1 東門市場
ドンメンシーチャン

東門市場の魅力は、現役感。1930年代からある古株の市場が、ビルになったりせず、普通に日々の食材を求める人でにぎわっている。季節を感じる台湾タケノコやマンゴー、ライチ、種類の多い豆類、余さずぜーんぶ食べる家禽類、麺や調味料、生活用品から衣類まであって、迷路のような路地をくねくね歩きながら見てまわると気分があがります。

なによりここには、台北の"味にうるせい奴ら"が集まっていて、彼らに鍛えられたおいしいものがある。「あたしは、おいしいもんしか買わないよ」って顔でごひいきの店に並ぶお母さんたちを見ていると、ああ、全部食べてみたいー、と思うはず。

66號製麺店
リウシーリウハオザーミィエンディエン

西側の入って左手にあるこちらで、いつもビーフンや意麺を買う。ワンタンの皮もおすすめ。隣の「正宗」で売っている、客家食品の厚揚げの炊いたんも絶品。

東門市場を散策
MRTの東門駅を降りたら徒歩2分ほど。市場は金山南路一段という大きな通りを挟み、駅を背にして東側(右)と西側(左)に分かれています。

DATA
台北市信義區信義路二段81號
🕕 6:00〜13:00(営業時間、定休日ともに店舗により異なる)

江記東門豆花
ジアンチードンメンドウファ

1976年創業から愛され続けている名店。その日作った分が売り切れたらおしまい(13時頃まで)。豆花は40元で、冷か温のどちらか。黒糖シロップに花生(ピーナッツがしっとり)のみの潔さ。冷たい豆花はシロップを豆乳に代えられる。私は台北滞在中、最低でも2回は訪れます。

area E 東門、永康街と台湾大学

金山南路一段

利隆餅店 リーロンビンディエン

みんなのお目当て「牛肉餡餅」は、手切りしたような大きめのそぼろ牛肉と玉ねぎが入った揚げ焼き餅。「蘿蔔絲餅(大根入り餅)」も大好き。千切りにした大根がぎっしり、しっとり。たまりません。

東門赤肉羹 ドンメンチーローガン

東の場外にあり、外にできている持ち帰りの人の行列が目印。30年超の老舗だが、店は改装されて清潔。店名でもある「赤肉羹」という豚の赤身が入った、あんかけのようなとろっとろのスープは必食。魯肉飯もタケノコ(メンマ)と生姜がたっぷりでさっぱり。独特でうんまい。両方食べて100元くらい。朝7時〜13時くらいまで。お早めに。

市場通り

ふきんを売るおかあさん

週末、東側の入口付近に白いガーゼを重ねたふきんを売るおかあさんが座っている。似たものは西側の台所用品屋にもあるけど、こっちがやわらかくて最高。あまりに肌触りがよいので、ランニングの汗拭きや身体洗いにも重宝しています。出合ったら買い(10枚で100元ほど)。

> **これも見逃すな!**
> 魯肉飯と魯蛋(煮卵)が美味の「東門城滷肉飯」は、10時過ぎの開店から2時間で売り切れることも。「羅媽媽米粉園」では、温かいビーフンをぜひ。

西側　　東側

"最旬おみやげアリ"のにぎやかな通りから、静かな営みの高級住宅街へ南下。

2 永康街
ヨンカンジエ

　昔ながらの店に交じって、雑貨や新顔スイーツ、新旧の台湾ブランドの無添加化粧品、洋服の店が並ぶ永康街。いろいろとのぞきながら、おみやげや自分へのごほうびを。店の入れ替わりも多い激戦区だけど、5年10年と続いている店は根強い人気があるということのよう。スタイリッシュな店でも、気取らない応対が台湾のよきところで買い物が楽しい。

天津葱抓餅
ティエンジンツォンジュアビン

常に行列。目の前で焼く、空気が入ったパフパフ系の葱餅。日本語メニューもある。

DATA
台北市大安區永康街6巷1號
🕘 9:00～22:30（無休）

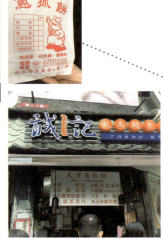

128　歩いてまわる台北5エリア

小茶栽堂 シャオチャーザイタン

おすすめはステキな箱に入ったティーバッグ。ひとりのときにも重宝します。茶葉は味の好みもあり甲乙つけがたいので、おみやげは決まってジャケ買い。大安にも支店がある他、そごうデパートの地下「CitySuper」でも数種だが取り扱いあり。

DATA
台北市大安區永康街7之1號 ◐10:00〜22:00(無休)

康是美 カンシーメイ

台北中でよくお目にかかるドラッグストア。思い立ったらここで。レトロな缶がツボなハーブキャンディやハッカ油を。

DATA
台北市大安區永康街7之2號1樓
◐9:00〜23:00(無休)

嶢陽茶行 ヤオヤンチャーハン

1800年初頭、中国・福建省から台湾へ来て創業したという100年を優に超える老舗中の老舗。軽やかでモダンなパッケージを見て、今どきのお茶屋さん？ と思っていたけど、試飲してストーリーを聞いたら納得。ここの東方美人茶は、水出しにしてもおいしくて素晴らしい。

DATA
台北市大安區永康街9號 ◐10:30〜22:00(無休)

茶籽堂 チャーズータン

自社で自然農法で栽培した「苦茶樹の実」を使った自然派化粧品の店。置いてあるものすべてが台湾ブランドの「ホームホテル大安」で出合いすっかり虜に。600元とお高めですが、桑白皮という生薬が入ったシャンプーがおすすめ。髪の乾燥が軽減(あくまで当社比)。

DATA
台北市大安區永康街11之1號 ◐11:00〜22:00(無休)

Map P.144

area E 東門、永康街と台湾大学

お料理上手な媽媽が始めた上海料理の名店。

3 秀蘭小館
ショウランシャオグァン

Map P.144

　創業から30年以上が経つ今も、創業者である媽媽のやり方を守り、化学調味料はなし。料理人は女性が多く、店内は白が基調でこのエリアにふさわしく上品。サービスも、女性がテキパキ。

　15年ほど前に仕事で台北に来たとき、案内してもらい、「なんて品がよくて、温かみのある料理なんだろう」「なるほど、おふくろの味なのか」と、忘れられない店になりました。

　上海料理（揚州料理）といえば！の「獅子頭」も、むちっと吸いつくような肉と、いっしょに煮込まれた白菜の甘さのバランスがいい、個人的には上海で食べたものより断然好き。「紅葱烤排」は、赤ネギとともにとろっとろになるまで煮込まれ、箸で切れるほ

ど柔らかい豚のスペアリブ。この二品、必ず食べてみてほしい。

Data
台北市信義區信義路二段198巷5-5號
◐11:30〜14:00、17:30〜21:00
MRT東門駅5番出口から徒歩約2分

"甘さ控えめ、添加物、防腐剤ゼロ"のパイナップルケーキ。

4 第8口鳳梨酥 Oneness Pineapple Cake
ディバーコウフォンリースー

Map P.144

青田街から永康街を散歩中、偶然見つけて入り試食をさせてもらったら、抜群に好み！パイナップルはもちろん、クランベリーやマンゴーもハマりました。季節のフルーツも含めて10種類ほどあり、私のイチ押しはレモンフレーバー。苦みもあって大人っぽい味、シャンパンにも合う！人口色素も香料もなしで、自然なフルーツの酸味と甘さを感じます。外はサクッとタイプ。大きさも大人のおやつにちょうどいい。

★台北101の地下や台北駅前の新光三越地下など、台北市内にも支店が増えてきました。

DATA
台北市大安區永康街75巷32號
🕐 11:30～19:00（無休）

area E　東門、永康街と台湾大学

"100%自然食材"がモットーのパイナップルケーキ。

5 手天品社區食坊
ショウティエンピンサーチュースーファン

Map P.144

パンにも菓子にも、乳化剤やトランス脂肪酸を含んだ加工油脂は一切使わず、厳選した材料のみで作っている。パイナップルケーキは、昔ながらのパイナップルと冬瓜の餡で甘さ控えめ。

ここで、私が必ず買うのが「裹椰子胡桃（くるみ入りなつめ）」。人工的な甘さがない上質のなつめで、いくらでも食べられそう。

金柑入りのカステラや、緑豆椪（緑豆のケーキ）も見つけたらぜひ（毎日は作っていない＆賞味期限が短い）。

DATA
台北市大安區潮州街188之1號
🕐 9:00～20:00／土～18:00（日曜休み）

調味料、ドライフルーツ……、目利きによる、まちがいない品ぞろえ。
Map P.144

6 TAKE FIVE 五方食蔵
ウーファンスーザン

「なーんか、匂うわ（いい店の予感のことを指す）」と、吸い寄せられたのが始まり。それが、予想以上の大ヒットで、砂糖を加えていないドライフルーツや、上質な野生の愛玉子（台湾固有の植物から作られるゼリー）、丁寧に絞られたごま油、手作りの豆腐乳、話梅（干し梅）、豆鼓、さまざまな醬などを、行くたびに購入するようになった。

品数は多くないが、ラインナップが年々強化されていて、「目利きが厳選しているにちがいない」と思っていたら、第一線で活躍するフードコーディネーターによる店だと聞いて、納得。

特に、ふくよかな甘みのある豆腐乳は士東市場（P.146）と並ぶ双璧のおいしさ。見かけたらトライを。

カフェでもあるので、歩き疲れたらひと休みしてから、お買い物して♪

Data
台北市大安區青田街6巷15號
🕙 11:00～21:00（無休）

17歳から通っているという、友のナンバー1豆花。

Map
P.145

7 龍潭豆花
ロンタンドゥファ

　私が豆花好きで、「食べ比べている」と言ったら、台北ガールの友人が、「高校生から通っている店に連れて行く」と言っていっしょに来たのがここ。椅子と机がなかったら車庫のようなそっけない店は、メニューも豆花一択、と実にシンプル（氷と言えば、氷を入れてくれます）。花生だけがのっていて、見た目は超地味。しかしその豆花の味たるや。大豆の味をしっかり感じて、柔らかすぎずたいへん好み。以来、私にとってナンバー1豆花になりました。台湾大学からすぐです。

DATA
台北市中正區汀州路三段237號
11:00〜23:00（月曜休み）

★店名の「龍潭」は、桃園市にある、料理上手として名高い客家（ハッカ）の集落。

学生街らしいボリュームある胡椒餅。カレー味もあり☺

Map
P.145

8 大學口胡椒餅
ダーシュエコウフージャオビン

　台湾大学の最寄り駅、MRT公館駅からすぐ。おじさんが外で焼いています。ボリュームがあって餡もぎっしり。「咖哩羊肉（カレー味の羊肉）」は、ここでしか見たことがないので、ぜひ。

DATA
台北市大安區羅斯福路三段335號
11:30〜21:30（無休）

最新建築と古きバロック建築が同居。台湾と日本の歴史に思いをはせる国立大学。

9 国立台湾大学
グゥオリィタイワンダーシュエ

　国立台湾大学は、1928年、日本統治時代に日本の7番目の帝国大学（台北帝国大学）として設立された。李登輝氏をはじめ、歴代4人の総統を輩出（2019年現在）。台湾きっての名門だ。当時、日本がここに帝国大学を設立したのは、台湾でいかに教育に力をそそいでいたかの現れだ、と言う人も多い。

　正門からの並木はヤシ。広々としたキャンパスを「ああ、この子たちみんな秀才なのね」と思いながら歩いていて、道に迷ったりすると、その秀才たちが屈託のない笑顔でとことん親切に助けてくれる。道に迷ったら、迷わずに、この本の写真を見せて学生君たちに聞こう。

　なかでも訪ねるべきは、日本を代表する建築家、伊東豊雄氏による設計の社会科学棟にある図書館。台湾にある伊東氏の手による建築は、「高雄スタジアム」「台中メトロポリタンオペラハウス」「松山台北文創ビル（誠品行旅P.115が入っている建物）」がある。

　すべて見て回って、その上で、ここの図書館が秀逸、代表作では？　と勝手に私は思っ

Map
P.145

★ちなみに、外壁側の柱は屋根で受けた雨水を地下へ流す雨どいでもあり、内側の柱には地下水をくみ上げ屋根（緑化されている）にまくための撒水栓が設置されている、エコな構造。

ている。

　雨が多い台北。その雨の恵みを受けて育つ樹木を思わせる流線が美しい柱、そこから流れる水を受け止めるかのような周囲の水面。外観にも見惚れるが、とにかく中へ。

　波紋のように曲線を描く書架や椅子は、家具デザイナーの藤江和子さんによるもの。椅子にぜひ横になってみてほしい。角度を変えて目にする空間に、ここで学ぶ人を心底うらやましいと思う。

DATA
台北市大安區羅斯福路四段1號
※図書館へは、パスポート（コピーはダメ）がなければ入れません。荷物はすべてロッカーに入れてから（荷物多めでもご心配なく）。

アイスキャンディは、素朴でちょっと懐かしい味！
台大農場農產品展示中心
タイダーノンチャン ノンチェンピンヂェンシーヂョンシン

　設立時からあったという、名門農学部の農産品が購入できる。アイスや梅の加工品、はちみつ（龍眼のはちみつは、超おすすめ）など。売店には、アメリカのアイビーリーグっぽい台大トレーナーやグッズもある。

DATA　台北市大安區羅斯福路四段1號（台湾大学内）
　　　　9：00〜19：00／土・日 〜18：00

area E 東門、永康街と台湾大学

山、海、豊かな百花繚乱の台湾の食材で、本物のおもてなし料理を。

10 山海楼
シャンハイロウ

　山海楼のスペシャリテのひとつが、「掛爐燒雞（丸鶏の爐焼き）」。パリッパリの、うまみたっぷりの鶏の皮を、さながら北京ダックのようにいただくのだが、これがダックとは似て非なるもので、衝撃的においしい！ 皮と身の間の悩ましい脂が、噛めばじゅわーっと広がる。甘くなくて、不思議にさわやかで、またすぐに食べたくなる。
　この鶏は宜蘭の南で、山海楼のために育てられたもの。でもおいしさの理由は食材だけではない。秘密は、豆腐乳をたっぷり塗って焼く1930年代のレシピにあるという。

　今の台湾のイメージは、小吃（屋台や小さな店で食べる手軽で安く大衆的な料理）パラダイス。私も大好き。しかし、1900年代の初めから60年代、なかでも1930年代は、手の込んだおもてなし料理を出す高い技術を持った料理店がたくさんあったらしい。そこには山、海、百花繚乱の台湾の食材と、料理人の腕と、期待に胸をふるわせ、もっとおいしいものを、と求める客がいた。そんな黄金期の台湾ファインダイニングを復活させたい、現在の人に食べてほしいとの思いから、台湾中の山海を回り、畑をめぐり、自

136　歩いてまわる台北5エリア

> Map P.144

area E 東門、永康街と台湾大学

★丸鶏は2日前から、子豚の丸焼きは5日前からの予約が必要。その価値あり。山海の前菜の盛り合わせも手が込んだものでおすすめ。その中でアワビに使われている「達那（ダーナー）」という、台湾先住民が使うスパイスにも注目！

ら育て、先人に習い、山海楼が生まれた。昔ながらの300人を超える屋外での結婚式で、目をみはるような料理を一斉に完璧に出すとして名をはせたシェフや、かつての台北の超人気料理店「蓬莱閣」の齢90歳になるシェフ、彼らに教えを乞うたという幻のレシピも再現している。

　ストリートで小吃を満喫したら、ここで、おもてなし料理もぜひ。

　愛玉子や、シンプルなかぼちゃやグアバの浅漬けにも、丁寧な仕事ぶりと腕をひしひしと感じます。

DATA
台北市中正區仁愛路二段94號
🕐 11:30〜14:30、17:30〜22:00（無休）

Next Recommend
まだあるおすすめ

―― 【 小吃 】――
青島豆漿店
チンダオドウジャンディェン

**ここにしかない豆漿を思うと、
台北の朝がいつも待ち遠しい。**

ここの温かい「無糖豆漿＝豆乳」がとにかく好きだ。ほのかに炭の香りがするから。鼻腔に残る、この豆漿だけにある、かすかな焦げっぽい感じが癖になる。
ガスにも電気にもできるし、そのほうがラクだけど、あえて炭にこだわっているんだと、あるとき気がついた。20元の豆漿のために、変えない。"うちの店らしさ"ってそういうこと。だから、豆漿屋さんはあまたあるけど、ここじゃなきゃ！と言うファンがいるんだもんね（私もです）。

人気の「肉餅（豚肉が入ったお焼き）」も、お父さんが炭の様子を見ながら店先で焼いていて、手にするとかすかに炭の香りがする。辣油をかけて食べる豆乳スープ、「鹹豆漿」もぜひ。再現はできないけど、帰国すると、いつもここの味を夢想しながら作っている（P.149にレシピあり）。

Map P.144

DATA
台北市中正區
杭州南路一段
139之3號
🕒 5：30〜11：30
（日曜休み）

──[レストラン]──
鼎泰豊 信義店
ディンタイフォン シンイーディエン

**小籠包以外もハイクオリティ。
日本とはやっぱり違う本店へ。**

何を今さら？ いやいや、おいしいものはおいしいのです。何しろ、台湾といえば小籠包といわれるようになったきっかけがこちら。1993年に『NYタイムズ』が「世界の10大レストラン」のひとつに選んだから。あの衝撃は覚えている人も多いと思う。ここは、せっかくなので本店へ。皮が薄い小籠包はもちろん、他の料理もはずれなし、なのがすごい。「辣味黃瓜（きゅうりのピリ辛漬け）」や、「冷筍沙拉（タケノコのサラダ。日本の竹の子と違ってあくなし！ めちゃうま）」、「寧式黃芽菜（豆もやしのあえもの）」も、必ず食べたい。行列が絶えないけど、番号札をもらって散歩して戻ればあっという間です。ちなみに、本店だけは土日祝日は9時からで、朝食メニューもあります。

DATA
台北市信義區信義路二段194號
🕐 10:00～21:00／土・日・祝日9:00～（無休）

Map P.144

area E 東門、永康街と台湾大学

──[食材・レストラン]──
GREEN & SAFE 東門店・斎民市集 有機鍋物
ドンメンディエン・ヂャイミンスージー ヨウジーグォウー

自家農園、有機栽培。こだわりの野菜、米、茶葉から調味料まで。

オーガニック商品を扱うスーパーマーケットが「GREEN&SAFE」。米粉100％で有機栽培の米から作られたビーフンや麺、無添加の調味料もずらり。すぐに食べられる仙草ゼリーなどのデザート類もすべてがこだわって厳選されたもの。

奥には、自家農園で育てた野菜や契約農家の肉を使った火鍋が食べられる「斎民市集有機鍋物」が併設されています。台北から始まり、今や上海にも出店。ヘルシーでおいしくて、ひとり旅にもおすすめです。

★ビルの2階にあるので見逃さないように。

DATA
台北市大安區信義路二段158號2F
スーパー 🕐 9:30～21:00（無休）
火鍋 🕐 11:30～15:00、17:30～22:00（無休）

Map P.144

―[小吃]―
蘇杭點心店
スーハンニンシンディエン

小籠包と、丁寧に作られた小吃。テイクアウトの酥餅も忘れずに。

1967年、上海に隣接する中国浙江省出身の先代が開いた老舗。小籠包はしっかり味がついたむちっとした餡が真骨頂で、私はこれに生姜だけを合わせて食べるのが好き。餡に練り込まれている特製醤油だれも手作りだそう。へちま入りやしいたけ入りもある。
ずらっと並んだ小吃もぜひ。特に、キビナゴの粉がのった、ピリ辛の揚げ卵はここにしかないもの。実はここを教えてくれた食いしん坊の編集者がこの料理を絶賛。私も惚れ込んで、思い出しながら日本でジャコを使って作っています。

★テイクアウトカウンターにある「酥餅(台湾風パイ)」。大根の千切りが入った「重酥蘿蔔絲餅」、有名な宜蘭産ネギの「重酥蟹殻黃」、甘いクルミとこしあんの「重酥棗泥核桃」あたりをぜひ。

DATA
台北市大安區
羅斯福路二段14號
11:00〜20:30(無休)

Map
P.144

―[小吃]―
炭烤地瓜
タンカオディーグア

ご近所の人々の小さな列がおいしい目印の焼き芋屋さん。

MRT古亭駅の裏通りは好きな散歩コース。ある日、ふと見ると、列。うん?わ!焼き芋じゃないのぉ、ってことで並んでみたら、ほくほく幸せに。しかも芋そのものがおいしい。冬場はいつも列ができていますが、ブレイクもかねてよく寄るようになりました。春なら、すぐ横にある「北極熊抱」で、ピーナッツアイスクリームを買って合わせて食べるのが最高です(自家製ピーナッツクリームと焼き芋が合う!)。

DATA
台北市中正區同安街175號
11:15〜21:00(日曜休み)
MRT古亭駅の2番出口から同安街を歩いて3分くらい。

Map
P.144

140　歩いてまわる台北5エリア

―[カフェ]―
金錦町 JIN JIN DING
ジンジンディン

記憶を持つ木を残して、日本統治時代の日本家屋をリノベーション。

ここはもと「錦町日式宿舎群」という、1920年代に建てられた日本家屋だった。台北市文化局の老房子文化運動により、リノベーションされた。正面から見ると、左手に大きな樹木がある。リノベーションにあたり、ここにずっといたこの木を活かすことにしたという。その様子は「老房子文化運動計畫」金錦町修復紀實影片（YouTube）で見ることができる。高温多湿の台湾。木造の建物が朽ちるスピードはとても早い。再生は、新しく建てる以上に大変な、想像を絶する作業で、人智と技術と並大抵ではないエネルギーが不可欠だと、よくわかるムービーだ。なぜ、そうまでして再生するのだろう？ と考えさせられる。

さて、息吹を吹き込まれた建物は、現在はここ「金錦町」というカフェになっている。幾何学的な形のケーキやカステラのニューウェーブがユニークだ。店内に入ると、天井の造作や建具に、生まれるはるか昔のものなのに、無性に懐かしさを覚える。

おすすめは、竹の炭を練り込んだブラックパイナップルケーキ「木樨」。おみやげにもインパクト大です。

DATA
台北市大安區金華街84、86號
 11:00〜21:00（無休）

Map P.144

area E 東門、永康街と台湾大学

141

―{ 小吃 }―
小李子清粥小菜
シャオリーズチンジョウシャオツァイ

**夜から朝までやっている、
台北に来たぞー！と感じる店**

夜、食事をする店は、意外と早じまいな台北。深夜、台湾人の友だちが仕事帰りに連れてきてくれたのがここ。もう、入ったとたんにテンション上がった！ 小吃がずらーーーっと。サービスのお母さんたちもずらーっと。好きなおかずを選んで2階へあがると、お粥がやってきます。別途、「菜脯蛋（干し大根入り卵焼き。P.156にレシピあり）」をお願いすると席まで運んでくれる。店は夜中でも大変なにぎわい。飛行機が遅く着いたときにも重宝します。

DATA
台北市信義區復興南路二段142之1號
🕒 17:00〜翌6:00（無休）

Map P.145

―{ ビアバー }―
掌門精釀啤酒
ジャンメンジンニャンピージォウ

**東門駅から至近の好アクセス。
全種の飲み比べが楽しい。**

クラフトビールブームの台湾ではどんどん新しい銘柄が誕生しています。ここは、ドラフト（生）のクラフトビールが常時20種類ほど楽しめる、2015年オープンの今や"老舗"？ しかも9割が台湾製だというから行くしかない。飲み比べは、酒豪の友だちとぜひ。

DATA
台北市大安區永康街4巷10號
🕒 13:00〜24:00／
金・土〜翌1:00（無休）

Map P.144

――[カフェ]――
極簡cafe
ジージェン

ただただ、癒される。
珈琲と猫と静かな時間と。

台北でここに来るまで、猫サマの力をナメていました。ごめんなさい。もうね、ただ見ているだけで、癒されるのです。
よーく見れば、みんなそれぞれ個性があって、動きも表情も十猫十色。机につっぷす子、誰かを待っているのか、ずーっとドアの前に外を見ながら座っている子、あったかい蒸気が出るところから1ミリも動かずうっとりする子…。いやはや疲れがぶっとびます。
台湾師範大学が近いので、学生さんたちが勉強していたり、デートだったり。なんだけど、お疲れ気味のおひとり様におすすめです。

area E 東門、永康街と台湾大学

DATA
台北市大安區泰順街2巷42號
🕐 12:00～23:00（無休）
Map P.144

――[バー]――
Staff Only Club

ドアを開けて階段を上ったら、
マンハッタンか、ロンドンか。いや、台北です。

とにかく、かっこいい。ミッドセンチュリー風の天井、船の中のような窓。台北随一のアンティークショップを営むオーナーのひとりが集めた家具が随所に使われている。そう、メニューブックにも。それは1930年代の大人のからくり絵本で、紙のバーを引くと紳士がメイドのお尻を触ったりする。なんてシャレてるんだ。淡水河沿いの路に、ひっそりとそのドアはある。会員制だけど旅行者には7日間のトラベラーズパスを発行。メール申請して、入場予約してみて。

DATA
台北市中正區
水源路1之10號
🕐 20:00～翌2:00
（日曜休み）
hello@staffonly.com.tw
Map P.144

143

美味なるものに出合う士東市場と「客家荘」

**客家料理、お年寄りに人気＝
美味に違いない。**

「客家荘」とある。客家人は保存食の達人で料理上手として知られる。しかも、お年寄り客で混んでいる。台北ではいつも「若者でいっぱい」より、「お年寄りで静かに満席」を信じることにしている。うん、おいしいにちがいない。

その店は、台北の北側、高級住宅地として知られる天母(ティエンムー)地区にある士東市場の2階のフードコートにある。

士東市場は食材も調味料も目利きによって選ばれたものだけが並ぶ、ちょっと特別な市場だ。ここを見て回れば、必ずおいしいものに出合える。私も、そうして指名買いするようになった調味料も少なくない。

で、その「客家荘」、やはり大当たり。なにを食べても塩味ほどよく、味に角がなく食べ飽きない、するする入る。意麺に、担仔麺、魚麺湯、魯肉飯、東坡肉（角煮）。メニューを全制覇したくて通った。料理をしているのはお母さん2人。やっぱり、客家人は料理上手なのか。

**「自分の子供に食べさせるつもりで
作っている」**

あるとき、台湾の知人と共に訪ね、「おいしくて通っています。この店が大好きです」と伝えてもらった。すごく喜んでくれた。そこで、
「ここは客家料理。お料理上手な客家人なのですよね？」と聞いてもらうと、
「え？ 違うわよ。私たちは台南生まれの台南育ちよ」
「えええ？ だって（店名は）客家荘で

客家荘のお母さん。

寝るまえに読む
コラム❺

この角煮がたまらんのです。

麺もスープもぜひ。

しょ？」
「ああ(笑)！ 前のシェフが客家人だったの。今は、私のふるさと、台南の味よ」
　ええええええ。化学調味料など一切使わず「自分の子供に食べさせるつもりで作っているのよ」とも。
　そういえば、意麺も担仔麺も魚麺湯も台南で食べた。そして『安閑園の食卓〜私の台南物語』(※)という本を思い出した。台南で生まれ育ち、日本に来て、のちに料理研究家となり「きょうの料理」(NHK)などで活躍した辛永清さんによる、台南で暮らす家族の豊かな食卓を描いたエッセイだ。台南の風物詩も楽しめる。

その本にもでてくる、食べた人が病みつきになるという「排骨苦瓜(苦瓜のスペアリブ。豆鼓煮込み)」はこの店にもあって、蒸してから煮込まれたくずれそうな白苦瓜の虜になった。インゲン炒め、龍鬚菜(龍の髭のような青菜)炒めなど、シンプルな野菜料理もとびきりおいしい。
　私と同年配の娘さんが車いすを押してやってきた。真っ白の髪が美しいエレガントなおばあちゃまに「好吃(おいしい)」と言ったら、一瞬の間があって「はい、おいしい」と清麗な日本語が返ってきた。

※『安閑園の食卓 私の台南物語』(辛永清 著／集英社文庫)

DATA
士東市場　台北市士林區士東路100號

台北の中心部からは、タクシーで250元くらい。帰りも市場前でタクシーが拾えるので安心。入ってすぐ右手の花屋の前の店で調味料を物色。道路側の加工品ゾーンでは、餅菓子、蒸し菓子、おこわ、無加糖で粒ぞろいの美しいドライフルーツ、自家製の腐乳などを。一番奥にある「草歌」では、加糖していない青汁やジュースを。オリジナルのパイナップルペーストも絶品。右奥、黄色い看板の「信徳製麺」は、麺や春巻きの皮などが充実している。

台湾で食べた味、買った味。
帰国してからも楽しみたい。

台北で買ってきたものと日本の食材を上手に使って、
おいしかったあの味と感動を再現しましょう。

噛むとうまみがぐっとくる、
おかわり！ごはん。
肉髭（ローソン）
ピーナッツごはん

【作り方】
米2合を通常通り水加減し、ピーナッツ（塩味）80gを入れて炊く。炊き上がったら、熱いうちに好きなだけ肉髭を加えてさっくり混ぜ、パクチーをトッピングする。おにぎりにもお弁当にも。

肉髭
豚肉でできたでんぶ。
台湾では、おにぎりやパンの具で
よく遭遇します。

☆うまみがつまった"ふりかけ"と思って、きゅうりやチーズとサンドイッチにしたり、お好み焼きに入れたり、大根といっしょに海苔でくるっと巻いたりしてもおいしい。

油條 (ヨウティアオ)

鹹豆漿 (シェンドウジャン)

朝の定番、
ほっこり豆乳スープをわが家でも。

【材料】2〜3杯分
豆乳…500㎖
米酢…小さじ2
塩…小さじ½（味つけはこれだけなので、おいしい自然塩を）
青ネギ…5本（パクチーの茎でも）
辣油…小さじ½（好みで）
すりごま…小さじ1

【作り方】
1 鍋に豆乳と酢を入れて中火にかけ、沸いたら火を止めて5〜6分おく（分離して固まってくる）。
2 辣油にすりごまを混ぜる。青ネギは小口に切る。
3 1をふたたび温め（ぐらぐら沸かさない）、塩で味を整え、器に入れ、2をトッピングする。

鹹豆漿には油條がつきもの。自分でも作れる。

※インスタントドライイーストは、3g入りの小袋でも売っています。

1 強力粉150gとドライイースト1gをさっくり混ぜ合わせる。ここに、水100ccを入れて、初めは菜箸で混ぜ、ねばりが出てきたら、手でこねてまとめる（この段階では生地はつるんとなめらかでなくて大丈夫）。
2 ラップをかけ常温で3時間ほどおく。膨らんできたら取りだし、まな板の上に打ち粉を薄くして数回こねる。1㎝ほどの厚さに伸ばし6等分する。
3 それぞれを2等分してひも状に伸ばし、2本を編むようにしてびよーんと伸ばして、180度の油に入れ、返しながら全面をこんがり揚げる。

ビーフンが上手に作れたら、
お嫁に行ける!?

台北で食べた味、買った味。帰国してからも楽しみたい。

媽媽のビーフン
ママ

【材料】2人分
ビーフン…100g　干ししいたけ（小さめのもの）…5個
干しえび…カップ½
白菜（キャベツでも）…⅛個（200g入れます）
かぼちゃ…¼個（300g入れます）
豚こま切れ肉…100g　**植物油**…大さじ1
★塩…小さじ½　醤油…小さじ2
　赤酒（またはみりん）…大さじ1　日本酒…大さじ2
パクチー…適宜

【作り方】
1　ビーフンは熱湯につけて10分ほど戻す。
2　しいたけ、干しえびは、それぞれひたひたの水につけて30分戻す。ざるにあげ水気を切る。しいたけは半分に切る。戻し汁は残しておく（大きなしいたけの場合は1時間ほど戻す、少し硬めでよい。4等分する）。
3　かぼちゃは、ラップをかけて600wのレンジに3分かけ、5mmほどにうす切りし、2cm角に切る。白菜は芯は細切りに、葉は2～3cm角に切る。
4　豚こま切れ肉は大きければ、2cm角くらいに切り、酒（分量外）をふりかける。
5　大きめの中華鍋（深いフライパン）に植物油を引き、熱くなったら、**4**を入れて炒める。9割方、火が入ったらいったん取り出す。
6　**5**の鍋に干しえび、しいたけ、かぼちゃ、白菜、水気を切ったビーフン、干しえびの戻し汁としいたけの戻し汁各大さじ3、★をすべて入れ、中火でぐつぐつ沸いてくるまで、時々混ぜながら火を入れる。
7　汁気が減って、かぼちゃに火が入ったら、豚肉を戻し入れ、全体さっくり混ぜて仕上げる。

ビーフン
新竹が名産地。最近はトウモロコシのでんぷんを加えたものが主流だが、台北なら米粉100%のものが入手しやすい。

151

台湾お粥食堂を再現！

干煸四季豆 〜いんげん炒め
（ガンビエンスージードウ）

【材料】2人分ほど
いんげん…15本　ごま油…大さじ3
高菜漬け…50g　花生醤…大さじ2

【作り方】
1. いんげんはヘタを取り、斜めに半分に切る。高菜は約1cm角に細かく切る。フライパンにごま油を入れ、熱くなったら、いんげんと高菜を入れ、油通しするように炒める（緑が鮮やかになり、少ししんなりすればOK）。ざるなどに上げ、油を切る。
2. 1をボウルに入れ、熱いうちに花生醤を加えて全体に絡める。

☆「橄欖菜（ガンランツァイ）」という、からし菜とオリーブ（みじん切り）の漬物を使うことが多いようですが、高菜で代用。

地瓜粥 〜さつまいものお粥
（ディグァヂョウ）

【材料】3〜4人分
ごはん…茶わん2杯　さつまいも…1本
水…カップ3

【作り方】
1. さつまいもは、1cm角に切る。かぶるほどの水とともに鍋に入れ、8割方火が入るまで10分ほどゆでる。ざるに上げて水気を切る。
2. 鍋に、ごはんと1を入れ、水を加えて、中火にかける。沸いたら火を弱めて、20分ほど炊く。

☆しょっぱいおかずと合わせて食べるので、塩を入れていません。お好みで塩小さじ½ほど入れても○。

花生醤
練りピーナッツ、いや甘くないピーナッツペースト。台湾のものは、ただすりつぶした直球感がいい。料理に使うとコクと香りがいい仕事してくれます。タレに使うのもおすすめ。マストバイ！

台北で食べた味、買った味。帰国してからも楽しみたい。

薬膳スープ・四神湯で
元気をチャージ!

四神湯 〜薬膳スープ
（スーシェンタン）

【材料】4人分ほど
水…800cc　酒…100cc
鶏むね肉…1枚
四神湯のもと…1個
塩…小さじ1(好みで)
みりん…小さじ2

【作り方】
1 鍋に縦に半分に切った鶏むね肉、水、酒、四神湯セットの中身を入れて中火にかける。沸いたら火を少し弱め、5〜6分加熱したら鶏むね肉を取り出す。
2 ハスの実を触って柔らかくなっていたら、塩、みりんを加えて味を見て整える。

☆台湾ではよく豚のモツが入っています。お好みで入れたい場合は、スープが沸いたところで加えてください。

なんちゃって蒸し鶏

【作り方】
1で取り出した鶏を切って皿に並べ、豆腐乳ごまだれをかけて食べる。たれは、豆腐乳大さじ1、ねりごま大さじ1、酢小さじ1をよく混ぜて。山盛りのパクチーとどうぞ。

四神湯のもと
迪化街の漢方・乾物屋さんに売られています。茯苓（ブクリョウ：むくみに効くきのこ）、淮山（ワイザン：滋養強壮効果がある乾燥山芋）、薏苡仁（ヨクイニン／ハトムギ：美肌効果）、芡實（ケツジツ：鬼ハスの実。鎮痛効果）、蓮子（レンシ：ハスの実。食欲不振に）などがセットに。

嗚呼、どうしてこんなに好きなの。
肉は大きめ！
うちのルーローファン。

魯肉飯（ルーローファン）

【材料】3〜4人分

豚バラ肉（塊）…500g　しょうが…50g
赤たまねぎ（中）…1個
★赤酒（またはみりん）…大さじ2
　醤油…大さじ2　八角（好みで）…1かけ
揚げエシャロット…好きなだけ
温かいごはん…適量

【作り方】

1. 深めの鍋に豚バラ塊肉を入れ、完全にかぶるほどの水を入れて中火にかける。沸いたら弱火にして、2時間ゆでる。そのまま人肌まで冷ます。
2. 1から引きあげた豚バラ塊肉をよく洗い、1cm幅に切る。
3. ゆで汁は冷めたら上ずみの脂をとり、ざるにさらすかキッチンペーパーをひいて濾す（滷白菜にも使う）。

滷白菜
（ルーバイツァイ）

「滷」は、煮込み（醤油煮込みが多い）の意味。魯肉飯豚バラをゆでた汁を使って作ります。

【材料】2〜3人分
白菜…½個 (400g)
★白菜漬け…100gほど
　豚バラのゆで汁（脂を取ったもの）…カップ1
　塩…小さじ1　酒…100cc
　赤酒（またはみりん）…100cc
豆鼓（しっとりした台湾のもの）…大さじ2
醤油…大さじ3（好みで調整する）

【作り方】
1　白菜の芯は1cm幅の細めに、葉は2〜3cmに切る。塩漬け白菜は刻む。鍋に、白菜と★を入れて中火にかけ、沸いてきたら火を弱め、蓋をして、約3時間煮込む。
2　1に醤油と豆鼓を加えて、さらに30分ほど煮る。

豆鼓
黒大豆を蒸して発酵させ干したもの。台湾では、カラカラに干していないウエットな状態の豆鼓が多く出回っています。料理に使いやすいのでぜひ。

4　赤たまねぎは半分に切り、くし形に薄切りする。しょうがは薄切りし、太めの千切りにする。
5　鍋に、2と4、ゆで汁100cc、★を入れて、蓋をして中火にかける。沸いたら火を弱め、約20分煮て火を止め、そのまま冷ます（一度冷ますのが大事）。
6　5をふたたび温め、温かいごはんにのせ、揚げエシャロット、ゆで卵を添える。

☆ゆで卵の皮をむいて、5の煮汁につけておくと煮卵に。

揚げエシャロット
魯肉飯には揚げた紅葱頭（赤ネギ）がよく使われますが、私は、「le pont」のガチョウ油で揚げたエシャロットをよく使います。上品で優しい味わいが◎。デパートの食品売り場などで購入できます。

食堂の、ほっとする定番おかず。

菜脯蛋（ツァイプーダン）〜干し大根の卵とじ

【材料】2〜3人分
=12〜3cmのフライパンで1枚分
干し大根…10g（乾燥で）
醤油…小さじ1〜
★卵…4個　しょうが…1かけ（すりおろし）
　ごま油…大さじ1　塩…小さじ1/2
植物油…適量

【作り方】
1　干し大根はひたひたの水につけて、柔らかくなるまで30分ほど戻す。しっかり水気を切る。
2　フライパンに植物油を入れ、戻した干し大根を炒める。しんなりしたら、皿にあげ、全体に醤油をからめる。
3　★を合わせてよく混ぜ、卵液を作る。ふたたびフライパンに油を引き、フライパンをけむりが少し出るくらい熱して、卵液をじゃーっと流し入れ、2をのせてざっくり合わせながら焼く。3割方半熟で仕上げ、皿に盛る。

台北で食べた味、買った味。帰国してからも楽しみたい。

しっとりやわらか、
お茶請けに。
茶梅

梅シロップ

【材料】
◎梅シロップ
青梅…1kg
☆青梅で作ればすっきり。茶梅も酸味が強めになります。完熟梅でもできて、香りがふくよかに。
黒砂糖（粉末）またはキビ砂糖
　　　　　　　　　　　…700g
☆上白糖や氷砂糖の場合、600gで。

◎茶梅
梅シロップで使った梅…全量
黒砂糖（粉末）またはキビ砂糖
　　　　　　　　　…250〜300g
☆ちなみに、黒砂糖粉末はカップ1が120gほどです。
烏龍茶葉…大さじ2
☆台湾紅茶でも。
水…250cc

▶まず、梅シロップを作る。
1 梅はボウルに入れ、水につけて10分おき、洗ってざるにあげる。ヘタをとる。
2 ポリ袋に入れて冷凍室で24時間〜2日間、冷凍する。
3 2を解凍せず、カチンコチンのまま保存瓶に入れ、砂糖を全量入れる（梅、砂糖、と交互に入れるとよい）。
4 蓋をして冷暗所に常温で5日〜1週間おくと、砂糖が溶け、梅からエキスが出てくる。梅の実を取り出して、シロップは保存容器に保存する（ソーダやお湯で割って楽しみましょう。私はハイボールに足したり、醤油に少し垂らしたりも）。

▶茶梅を作る。
1 梅シロップの梅だけを取り出す。
2 鍋に1と黒砂糖、茶葉、水を入れる。ざっくりと優しく混ぜて中火にかけ、沸いたら弱火にし蓋をして40分コトコト煮る。そのまま完全に冷ます。
　☆冷蔵庫で半年、冷暗所で1か月保存可能。
　☆茶葉も、煮汁（割って飲む）もおいしいです。

烏龍茶葉
茶梅には比較的リーズナブルな烏龍茶（1斤600元くらい）や、台湾紅茶（1斤160元くらい）を使用します。私は、林華泰茶行（P.56）などで多めに購入。ちなみに、日本の緑茶で作っても。＊1斤＝600g

158　台北で食べた味、買った味。帰国してからも楽しみたい。

レッツ台湾火鍋宴会！
台湾火鍋 〜しゃぶしゃぶ腐乳だれ
（タイワンフォグオ）

【材料】4人分

◎ベースのスープ
鶏ガラ…1羽分　だし昆布…10cm角×2枚
しじみ…200g　海老（殻つき）…4尾
日本酒…カップ1　水…2ℓ

◎具材
豚バラしゃぶしゃぶ用…200g
豚肩ロースしゃぶしゃぶ用…200g
☆好きな肉を好きなだけどうぞ。
もやし…100g　つるむらさき…100g
えのき…200g
ささげ…100g（いんげんやスナップエンドウでも）
パクチー…200g　白菜…200g
☆好きな野菜を好きなだけ。

◎たれ（基本、好きなだけ）
☆好きなものを合わせてMYたれを作ろう！
パクチー…約50g（ざく切り）
青ネギ…約10本（小口切り）
豆腐乳（混ぜてスムーズに）、ネギ油と豆板醤（1：2で混ぜる）、ねりごまと豆乳（1：1で、混ぜる。約1分、600wのレンジにかけるとよい）、黒酢、米酢、醤油、ごま油（香りがするもの）
　　　　　　　　　　　　…各好きなだけ

【ベースのスープの作り方】
1　深めの鍋に、水と昆布を入れて中火にかける。沸いたら、洗った鶏ガラを入れて弱火で約40分火を入れる。あくを取り、そのまま冷ましてざるで濾す。
2　火鍋をする鍋に洗ったしじみを入れ、1の半量と酒をそそぎ、蓋をして中火にかける。沸いてしじみが開いたら、洗ったエビを入れる。海老に火が入ったら、具を入れて鍋を始めよう（残したスープはつぎ足して）。

帰ってからもうれし、たのし、
おいしいおみやげ

調味料、お茶、乾物や乾麺でスーツケースをいっぱいにして帰国します。
パジャマや靴下、下着も、綿が上質で柄はなつかしく着心地よし。
買ってよかった、また欲しい、おすすめを集めました。

調味料・食材・スイーツ

豆腐乳
豆腐乳は、豆腐に麹をつけ発酵させた調味料。台湾のものは紅麹で作られた甘みのあるものが多く、食べやすい。温かいごはんにのせても◎。
【購入場所】
①GREEN&SAFE（P.139） ②微風南山（P.103）
③「日曬腐乳」士東市場（P.146）

① ② ③

ねりごま
濃厚で風味絶佳。そしてリーズナブル。
【購入場所】
①士東市場（P.146）
②信成油廠股份有限公司（P.38）

① ②

馬告 マーガオ
原住民料理で使われるというスパイスが大流行の予感!? 見た目は黒胡椒、風味はレモングラス。つぶして水餃子に、バターといっしょにトーストにのせても。
【購入場所】
誠品生活南西店（P.43）

豆豉
乾燥していないウエットタイプがおすすめ。そのままサラダにトッピングしても◎。炒め物や煮込みにも深みとコクを与えてくれます。
【購入場所】
心樸市集（P.89）、微風南山（P.103）、
TAKE FIVE 五方食蔵（P.132）

ごま油
ごまを絞っただけのもので、香り抜群！
【購入場所】
①信成油廠股份有限公司（P.38）
②士東市場（P.146）

① ②

花生醬

ピーナッツペースト。純度が高い！と感じるもの多し。私は甘くないものを求め、ねりごま同様に和え物やたれに、料理によく使います。
【購入場所】
微風南山（P.103）

はちみつ

これは火入れしていないロー（生）のはちみつ。お腹が不調のときや風邪気味のとき、殺菌作用を期待して食べます。旅先でも薬以前の予防として重宝。龍眼のはちみつも美味。
【購入場所】
一号糧倉（P.81）

ビーフン

ビーフンは、台湾が誇る特産品。厳しい規定があり、米粉100％のものは明確に表示してあります。見つけたら一度、100％のものを。でんぷん入りのものより丁寧に調理しましょう。
【購入場所】
天和鮮物（P.18）
泉屋食品行（P.51）

ドライフルーツ

砂糖を足していないものを選んでいます。私はパイナップルやグアバ推し。レモンや梅の蜜煮もおすすめ。
【購入場所】
TAKE FIVE 五方食蔵（P.132）
心樸市集（P.89）

くるみ入りなつめ

なつめでくるみを包んだこちらもおすすめ。ここのは、なつめがキレイで安心美味。
【購入場所】
手天品社區食坊（P.131）

「無二」の水晶糖

水晶糖は「ゼリー」。オーバー80代の母に喜ばれています。ゴマヌガーやピーナッツおこしもおいしい。小分けになっているのでみやげにぴったり。
【購入場所】
微風南山（P.103）

お茶とビール

「子村莊園 CHARM VILLA」の金魚茶ティーバッグ

ティーバッグが金魚の形でカップの中で泳ぐ。パッケージも美しいのでプレゼントに。

【購入場所】
CHARM VILLA 南西 (P.61)、CHARM VILLA 晶華 ＊リージェント台北内 (P. 61)

「掌聲穀粒糧商號」のお茶各種

選ばれし、有機かつ味わい深いお茶。茶筒もかっこいい。

【購入場所】
掌生穀粒糧商号 (P.102)

「八拾捌茶輪番所」のお茶各種

お味見させてもらいながら選べます。味よしパッケージよし。

【購入場所】
八拾捌茶輪番所 (P.23)

「百二歳」のパイナップル烏龍茶

1杯分の茶葉が小分けに。茶葉に香料で香りをつけるのではなく、ドライパイナップルが入っているところがいい。

【購入場所】
天和鮮物 (P.18)

「金品茶集」のティーバッグ

「良縁」「平和」などと書かれたパッケージに話が盛り上がりそう。お茶もきちんとおいしいのがよきところ。カフェもあり、水出し茶の旨味にノックアウトされます。

【購入場所】
誠品生活南西店 (P.43)、誠品信義店 (P.103)

「連記茶莊」の紅烏龍茶

大好きな台東の烏龍茶。上質な高級紅茶を越える味わい。左は密紅茶。

【購入場所】
新光三越信義新天地 (P.103)

台湾ビールいろいろ

「おみやげにビール？」と言うなかれ。クラフトビールパラダイスの台湾だからこそ喜ばれます。①はウイスキーで有名なカバランのもの。部屋でいろいろ試すのも楽しい。機内には持ち込めないのでスーツケースに。ここはジャケ買いで。

【購入場所】
①コンビニエンスストア、②③微風南山（P.103）

食器・キッチン雑貨

グラス各種

小ぶりなサイズが案外ちょうどよい。家で毎日使っています。
【購入場所】小器赤峰28（P.41）

蒸し器の道具いろいろ

蒸し器から皿を取り出すときの道具や、ちょっとのせれば普通の鍋でも蒸せる道具。便利です。
【購入場所】
勝立生活百貨 吉林店（P.80）

大同食器のブロカント

白い器で知られる台湾の大手食器メーカー「大同食器」。70年代頃に作られていた柄物や吹きガラスの器がすてきで集めています。ときどきフェアで出合えます。
【購入場所】印楽花（P.59）

パイナップルケーキ

手天品社區食坊
身体に優しい材料にこだわり抜いた逸品。お願いすれば、箱詰もしてくれる。
(P.131)

第8口鳳梨酥 Oneness Pineapple Cake
フレーバーが多いのも楽しい。「檸檬起司」がたまらなく好きです。
(P.131)

アンバサダーホテル台北 le bouquet
外側がホロっとする柔らか系。ゴールドにターコイズブルーの外箱も魅力。
(P.61)

スターバックス
やるな、スタバ！ 気軽さを強調したいおみやげにおすすめ。

一禾堂
目下、いちばんのお気に入り。しっとり具合と餡の柔らかさ、酸味が絶妙。
(P.92)

李製餅家
基隆発の100年越の老舗。レトロなパッケージが郷愁をそそる。小さな月餅も美味しい。
(P.61)

佳德糕餅
ケーキ部分のバター感が◎。他の菓子もおすすめで好みのものを箱（無料）に詰められる。
(P.81)

オークラプレステージ台北 The Nine
洗練のパッケージ。お味も上品で間違いなしのおみやげ。ミルクヌガーもおすすめ。
(P.61)

164　台北で食べた味、買った味。帰国してからも楽しみたい。

雑貨・ファッション

漁網バッグとポーチ

人気の漁網バッグは、キッチュなだけでなくともかく軽くて丈夫。私はバッジをつけたり、リボンを縫い付けたりしてカスタマイズしています。ポーチも軽さがよくて手放せない。
【購入場所】高建桶店（P.50）

パジャマ・パンツ・靴下

良質なコットン100％でつくられたパジャマや肌触りのいい下着、ラインが出ない美しいレースでしかも苦しくないパンツなど、50代にうれしい方向で充実。しかもお安い。MRT中山駅3C出口すぐの店が特におすすめ。
【購入場所】
城中市場（P.16）
3C 襪舎（P.61）

「豊泊荷・春花 Le Bonheur Design」のピアスとイアリング

「Le Bonheur Design」は、デザイナー春花さんによるアクセサリーブランド。すべてハンドメイド。繊細で可憐、ちょっとだけ個性的。自分へのごほうびに。
【購入場所】
誠品信義店
（P.103）

エコバッグ

原住民による草木染の布を使ったエコバック。サイズもさまざま。コーディネートのポイントに持つと、ぐっとあか抜けた印象に。
【購入場所】
OrigInn Space 大稻埕
（P.59）

Akame(アカム)へ。まだ見ぬ味わいを求めて

**世界中から人が訪ねてくる
レストランになる。**

東京の「傳」(※1)の長谷川料理長に「世界中から人が訪ねてくるようになるレストランが台湾の南にある」と聞いた。それが「Akame」だった。台湾の最南、屏東県のルカイ族の村にあり、「アカム」と読む。ルカイ族の言葉で、「焼く・バーベキュー」の意味だ。

さっそくFacebookで検索し、シェフのアレックスに「どうしても行きたい」とメッセージを送った。「21時からならOK。ホームステイもできるよ」と、返事をもらった。うん？ ホームステイって？ と、ちょいと不安に思いつつ、向かった。

屏東駅からタクシーで50分ほど山道を登る。気になっていたホームステイ先は、Akameの隣にある、ルカイ族とパイワン族のご夫妻が暮らす、美しい木彫りの装飾が施された立派なお宅だった。村ではいくつかの家がこうしてホームステイを受け入れているという。ベッドもシャワーも清潔で、ルカイ流の朝ごはん付きだ。お父さんは日本語が話せて、泣けるほど歓待してくれた。

台湾には、16の原住民族(※2)がいる。シェフによれば、ルカイ族は現在12000人ほどだという。

**料理道具は800度の窯。
メイン料理は、焼くだけ。**

シェフと従弟がキッチンを、彼の妻とその妹がサービスを担う。カウンター13席の店は、世界中からのお客さんで連日満席だ。ある時は、フランスの3つ星シェフ、アン・ソフィ・ピックがカウンターに座っていたこともある。

料理はシンプル。フルオープンの厨房にあるふたつの窯が調理器具だ。「おいしく焼

Akameにて。右から2人目がアレックスシェフ。

寝るまえに読む
コラム❻

くためには、高温が必要」というシェフ。中の温度は800度まで上がり、奥に炎も見える。薪はアカシアの生木だ。これが、ものすごく重い。ぎゅうぅっと密度が高く硬いこの木が、高温を維持する。

　この窯のどこで、どのくらいの時間、どう焼くか？ 東港の新鮮な海老も、山のイノシシも、烏骨鶏も、焼くだけ。だからこそ、シェフの腕が現れる。

なぜ、ここ、なのか？

　海外でフレンチの修業を積んできたシェフ。台北のみならず、台南や高雄にも、ファインダイニングが目白押しななか、なぜあえて、ふるさとの山の中で店を構えたのだろう？

　「このままだと、僕ら原住民族が知る山のスパイス、摘み草、木々の実、肉の焼き方、食べ方、どれも途絶えてしまうかもしれない。それで僕は、ルカイ族の料理だけでなく、新しい原住民料理を創り出して伝えていきたいと思った。これまで自分がやってきたことを、そのことに活かしたいんだ」。

　近頃、東京でも話題の馬告（マーガオ。原住民族がよく使うスパイス）を彼の料理で知ったシェフも多い。私は、和山椒に柑橘

を足したような刺葱（ツーツォン）というスパイスを初めて知った。メインに添えられたルカイ族がお祝いで食べるというアバイ（粟）の餅は、日本の粟餅を知る私にはなつかしかった。キヌアとアバイで作った味噌は、ゆず味噌やふき味噌を思わせる。屏東で特別に作ってもらっているそうだ。

　皮ごと焼かれた野豚のカリカリの皮を噛むと、しっとりした身との間の脂がこぼれ出る。デザートで運ばれてきたのは、近くの山で獲れた野生の愛玉子。その強さに心底驚いた。すべて近隣の幸だ。

　世界には、食べたかったら遠くても訪ねていくしかない店がある。訪ねたら「Sabau！（サバウ）」（※3）と声をかけよう。

※1 「世界ベストレストラン50」で11位（2019年）の、日本を代表するモダン江戸料理の名店。2020年春には、高雄に初の支店となる「承」を開業する。
※2 「16」は政府が認定した数。他に、地方自治体による認定や現在認定申請中の民族もある。また、清の時代の移住者は単身者がほとんどだったため、原住民と結ばれた人も多く「大陸から来た爺さんはいても、大陸から来た婆さんはいない」と言われるそう。日本は先住民と呼ぶが、台湾では10年ほどかけて協議した結果、原住民族と呼ぶ。
※3 原住民族の言葉に漢字をあてていたこともあるが、現在は、彼らの発音を正しく表すため、アルファベットでの表記が多い。「Sabau」は、イイ感じ！ テイクイットイージー的なニュアンスで使われるのだそう。

DATA
Akame　屏東縣好茶村古茶柏安街17巷8號
台鉄の屏東駅から車で50分ほど。高雄市中からは1時間半ほど。最近は海外でのコラボも多いため、不定休。必ず1か月以上前に、英語か中国語でFBページから問い合わせを。近隣のホームステイは予約の時にお願いできる（1泊1名1200元ほど）。https://www.facebook.com/akame.in/

167

旅の手帳

いつがいい？ 旅の準備。

1年を通じておたのしみがある、台湾・台北。
3月～6月初旬は、長袖のシャツ1枚で街歩きができる旅によきシーズン。5月後半には生のライチが登場。6月初旬は、端午節で年に一度のちまきシーズン。ぜひ食べて。
6月中旬～9月までは、台湾の中で北に位置する台北でもとにかく暑い！ どこでもTシャツ、真夏の格好でOKながら、エアコン対策のはおり物も忘れずに。それと、この時期はマンゴーがとってもおいしい。ねっとりむっちりで甘さが自然な、これぞマンゴーをたっぷり堪能できます。スイカもお忘れなく。歩き疲れたらホテルのプールでスーイスイ＆のんびりも◎。あ、台風もやってきますが、そこは運だのみで。

10月～1月は、春同様、歩きまわりやすくて快適度バツグン。1月までは、トレンチコートぐらいで過ごせます。東京と比べると、クリスマスや年末年始も大混雑していない＆やりすぎ感がないから、大人にはうれしい。もはやベストフレンドって感じの枯れた夫婦旅にも♡ 冬は避寒地としてもありがたいです。
1月下旬～2月上旬は、春節＝お正月なので要注意。飛行機もホテルも高めに。春節前は、日本で言う忘年会シーズンですからレストランも街も混んでいます。その頃の迪化街のにぎわいは大みそかのアメ横的で、旅人もわくわくします。食事ではこの時期だけのメニューにも注目して。薄めのダウンがあれば朝晩が安心です。

どこに泊まろう？

どこに泊まるかは楽しみのひとつだし、旅をよくも悪くもする大事な要素。台湾はステキなホテルがたくさんあるので、選びがいがあります。
私はいつも、「Booking.com」や「agoda」などのホテル予約サイトで見つけています。決め手は、館内・室内の写真と口コミ。特に口コミはあえて厳しいネガティブなものを読みます。そこにこそ情報があるから。それが自分も受け入れがたいと感じたら、候補から外します。多くのサイトにある点数評価＝スコアは、トータルスコアではなく、清潔さなど自分がいちばん気になる項目のスコアを見るようにしています。
また、私はバスタブにつかりたい派。中にはバスタブがないホテルもあるので気になる人は要チェックです。女子ひとり旅なら、MRTの駅に近いホテルや、大きな通りに面したレセプションに常に人がいるような中型以上のホテルがおすすめ。
5つ星ホテルやかっこいいデザインホテルも日本よりリーズナブルなので、女子旅でちょっと贅沢に過ごすのもよいのでは？

常につながるって大事。Wi-Fiを準備しよう。

他にかける費用を節約しても、「常にインターネットがつながること」を優先すると、旅はぐっとラクに。近年、「スマホで旅は変わった！」を実感しています。
出発する空港でWi-Fiルーターを借りて、日本にいるときと同じようにインターネットが常時つながるようにしておけば安心（※）。店名も地名も漢字の台湾では、私たちにとっては入力しやすく、日本と変わらない通信環境を確保していれば、検索や道案内、予約もスムーズです。
私はいつも、スマートフォンのGoogleマップに行きたい店を入力して、道案内をしてもらいます。それに、もし余裕があったら出発前に「行きたい場所リスト」にお目当ての店を入れておけば、現地でとても役立ちます。
また台湾では多くの店が、HPを設ける代わりにをFacebook（以下FB）ページを使っています。予約や問い合わせもFBメッセンジャーでできるケースが多いので、自分のFBアカウントを持っていると便利です。

※Googleマップで店名を検索したらこの画面で保存をクリックし、「行きたい場所リスト」に追加！

何を持っていこう？

私はいつも使い捨てのナイフ、フォーク、割りばしを持っていきます。これは、お店で買って公園で食べるときなどに便利。併せてウエットティッシュもあるとパーフェクトです。

また小さなビニール袋、保存袋はおみやげの乾物を分け合ったり、きれいに持ち帰るにも便利です。このときあると何かと役立つ小さなはさみも、スーツケースの中に。

日本の小さめサイズのペットボトル（約250㎖〜300㎖）も1本、スーツケースに入れていきます。それを飲み終えたら寝る前に、台湾茶のティーバッグ（ホテルに置いてあるところも）を入れて水出しのお茶を作っておき、翌日に持ち歩きます。現地のコンビニでは比較的大きなサイズのペットボトルが多く、持ち歩きにはあまり適していないため、日本からほどよきサイズのものを持っていくと便利です。

台湾は折り畳み傘を世界に輸出している産地。種類も豊富で安く、いざとなれば購入しやすいので傘は持たないことも。それより、コンパクトになるレインパーカーがあれば、雨よけにもなって両手も空くので重宝します。買い物して荷物が増えたときのためのエコバックもリュックタイプを活用しています。

下着やTシャツは、これにてお別れの、捨てる直前のものを持っていきます。特に靴下やパンツは台湾製が着心地もデザインもよく、この数年は台湾で調達することも。なので、古いものを持参して処分し、新しい子を連れて帰ってきます。

また、もう着ないなー、と思う断捨離候補の中から華やかな柄や色の服を持って行くこともあります。台北はなんとなく赤やオレンジが似合う街なので、そこで着てお別れすることも。

通貨は台湾元（NT$）。両替は台湾の空港に着いてから。

松山空港でも桃園空港でも、荷物を受け取りロビーへ出る直前と、出てすぐのところに銀行があるので、いつもそこで両替します。

現金は、タクシー、夜市や市場、朝ごはん屋さんなどで必要。もし足りなくなったら、コンビニや駅のATMでクレジットカードを使って台湾ドルを引き出すことも可能です（借りるということなので、金利が発生します）。

もし現金が余ったら、しばらく台湾へ来る予定がない場合は、最後のホテルの清算などで使い切るか、それでも残るようなら、出国前に空港などで日本円に替えましょう（台湾元は日本で扱っている金融機関が比較的少なく、手数料が高くつくことが多いです）。

MRT（地下鉄）とタクシーをフル活用。バスにもトライ！

タクシーは、基本的に安全で安心して乗れることが多いと思います。ただ、女性ひとりの場合、夜は気をつけてください。お店で呼んでもらう、大型のホテルで乗る、キレイで新しい車両を選ぶ、などを意識して。料金は現地の物価で考えてもリーズナブルなので、効率的な旅のために上手に活用したいところ。旅慣れた方には、Uber（ウーバー）という選択肢も。MRT（地下鉄）もきれいで安全。ただし、構内、車内ともに、飲食は禁止（罰金）なので気をつけましょう。「悠遊カード」を購入しチャージしておくと、タッチアンドゴー！で便利です。乗り換えもシンプルで簡単なので、ひとり旅にはいちばんおすすめ。

このカードでバスにも乗ることができます。バスはちょっと難しいけど、暮らしが見えて楽しいもの。「信義幹線」は信義路を、「仁愛幹線」は仁愛路を循環しています。これらは、ぐるっと台北市内の中心部をまわることができます。私はひとり旅ではよく乗って、気になるところで降りてみることもあります。車内前方の電光掲示板に漢字で次の停留所が表示されるので、よーく見ていたらわかります。タイトに考えずに1停留所くらい失敗してもいいかな、という気持ちで挑戦してみて下さい。またGoogleマップの道案内をバス優先に設定しておくと、バスでの行き方を示してくれます。

レストランを予約しよう！

1週間以上前に予約が必要な台北のレストランはFBを活用していて、その多くがメッセンジャーで予約が可能です。または、宿泊するホテルが決まったらホテルにメールでお願いしておくのも手。日本語ができるスタッフがいそうなら、まずは日本語でお願いしてみて。難しいようなら、英語で（店名、日付、時間、人数を。英文はネット翻訳でもすぐできます）。前日までの予約で間に合いそうな店は、到着後、ホテルのレセプションでお願いしてみましょう。

> **知っておきたい！**
> **おいしく楽しく食べるための言葉**
>
> ◎おいしい → 好吃（ハオチー）
>
> ◎とってもおいしい → 很好吃（ヘンハオチー）
>
> ◎これが、好きです！→ 我喜歡這個！
> 　（ウオシーホワンジェイゴ）
>
> ◎お腹いっぱいで幸せです → 吃了很飽好幸福
> 　（チーラヘンバオハウシンフウ）
>
> ◎美味しかったのにお腹がいっぱいになってしまいました。残してごめんなさい →
> 　很好吃，吃太飽了。很抱歉沒有吃完。
> 　（ヘンハオチー　チータイバオラ　ヘンバウチェンメイヨウチーワン）
>
> ◎また来ます。ありがとう！→
> 　我會再來的。謝謝你（ウオホェイザイライダ　シエシエニ）

いい時間帯、快適な機材、笑顔と優しさも機内から始まります。

「エバーなら、家族に朝の支度をしてから出られて、台北のお昼ごはんにも間に合うよ！」と台湾好きの友だちが教えてくれました。たしかに、羽田発10時前後（※1）はありがたい。
私は実は飛行機がちょっと苦手で機材にもこだわってしまうのですが、エバー航空は大きめで新しい！のが決め手になります。清潔な機内はエコノミーも広めで、内装もすっきりとセンスよく、さりげなくトイレに蘭の花が飾ってあったりして和みます。5スターエアライン（※2）だから安心感は当然なのですけど。
機内食もおいしく、台湾クオリティ。エンターテイメントも短いフライトながら充実していて、私は言葉が分からなくても楽しめる、台湾の食にまつわる番組を見て、一気にテンション上げています。
そして密かに、「制服がワンピース、ちょっと他にはなくてかわいいな」と思っていて、これがみなさん似合う！ 笑顔がとにかくいいのです。CAさんのチャーミングさは世界一かも？！
台湾へ行くと、「みんな、どうしてこんなに優しいのかな？」と思うけど、エバー航空に乗ると、その優しさがもう、機内から始まります。

大人の旅は、自分にごほうび。ビジネスクラスもおすすめ。

行きは4時間ほど、帰りは3時間を切ることもある短いフライトですが、旅の疲れを軽減してくれるビジネスクラスもおすすめです。
しかもエバーのビジネスはいい！台北（桃園）と東京（成田）を結ぶ便では、最新鋭機B787型機が運航していて、ビジネスクラスのプライベート感も高く、美しく洗練された内装で、ホテルのよう。いち早く導入されたシェル型のシェルフラットシートは、シートを倒すと全長約190cmのベッドになり、水平に近い体勢でくつろげます（※3）。また機内食は和・洋・中から選べます。

特に台北からの帰路、その和食は京都の老舗中の老舗、ミシュラン三つ星「一子相伝　なかむら」によるもの。一子相伝で知られる料亭の丹誠込めた味を機内で、笑顔のサービスと共に、リラックスしていただけます（※4）。もちろんエバー航空だけのスペシャルな体験です。中華を選べば、あの鼎泰豊（ディンタイフォン）の小籠包が食べられる路線も！
交通手段を選ぶというより、ちょっと贅沢な自分へのごほうびを選ぶつもりで、どうでしょう？　最近はモノより、こんな時間がうれしいなと思うのです。
桃園空港には、ザ・ガーデン、ザ・スター、ザ・インフィニティ、ザ・クラブの雰囲気の違う4つのラウンジがあって、全部回りたいくらいの充実っぷりです。出発の21日前から24時間前まで、搭乗する機内でのメインディッシュやオンライン限定メニューを予約することもできます。

フライトは全国から。台北、そして高雄へも。

東京の羽田、成田以外にも、札幌から那覇まで全国13空港から台北（松山、桃園）へ行く便があるのもうれしいところ（※5）。また、台南や高雄の旅に便利な高雄行きもあります。エコノミーの前方席等の座席指定（有料）や、手荷物の超過料金の前払い（少し安くなる）など、合理的なサービスもとてもよいと思う。いずれもネットで申込みできます。

※1：フライトの時間は変更になることがあります。随時ご確認ください。
※2：イギリスが本社の航空サービスリサーチ会社SKYTRAX社による格付けで5スターを獲得。※3：路線や機材で変わることがあります。
※4：「一子相伝　なかむら」による機内食は、桃園→成田及び桃園→関空でいただけます。（2019年12月現在）※5：就航地は変更となる可能性があります。

おわりに

我越來越愛台灣。
台湾のことがますます好きになりました。

きっかけは、仕事を通じて仲良くなった台湾人Sさんの言葉。
私が、「台湾の人ってなんでこんなに優しいのかな？ 海外でこんなに日本への愛を感じたことはない」と言ったときでした。
「知ってるよ、私たちの片思いだって。」
うぬぬ。そうなのぉ？ 片思いなんて切なすぎる。いま思い出しても、胸がくぅとなります。
でも東日本大震災の時もそうでした。台湾は誰よりも早く、「日本加油（日本頑張れ）」と応援してくれて、200億円を超える義援金を寄せてくれました。
うれしかった。でも、え、なんでそんなにまで？ と正直驚きもしました。
こうして、片思いはいかん、もっと知りたい、と私の台湾通いがはじまりました。

実は、私がはじめて台北を訪れたのは、1989年、平成元年の6月24日。ひとりで到着したホテルで、美空ひばりさんが亡くなったニュースを見たから忘れません。それから30年。今の台北に立つと、生まれ変わったようだ、と感じます。民主化し、乾いたのどを一気に潤すかのように発展した台湾。外貨準備高は

世界5位(2018年)。教育水準は高く(大学進学率は95％越)、ジェンダーギャップ指数は38位(日本は111位)で、男女格差の小ささはアジアでいちばん。女性総統も生まれました。ひまわり学生運動に見られるように、若い世代も主体的に政治参加しています。さまざまなエスニックグループが共生し、違いを尊重する中で、同性婚も認められました。

一方、複雑な立場なのは変わっていません。台湾を国家として認め、国交を結ぶ国は15か国だけ(2019年10月現在)。傍らに不安、矛盾、脅威を抱えています。今でも、有事に備え、パスポートを複数持つ人が多いとも聞きます。高い外貨準備高も、高学歴も、だからこそかもしれません。
「タフでなければ生きていけない。優しくなくては、生きている資格はない」という、あの探偵のセリフを台湾にいるとよく思い出します。
優しいだけじゃない、おいしいだけじゃない。通って、この本を作って、台湾愛がさらに深まりました。
もう片思いとは言わせないぜ、と鼻息荒く思っています。

私と台湾の再見のきっかけをくれた大切な友達Emily、Elaine＆ママ、我愛你。これまで出会った台湾のみなさん、AnnyChenさん、富子、ご縁をいただいたPatty Hsuさん、Julia Tsaiさん、謝謝。いつも力を貸してくれた大好きな辛さん、非常感謝♡。台湾出張を共にしてくれた、たまちゃん、ありがとう。台湾ばかり行き、重くなる妻を支えてくれた相方にも感謝。
サードローを引き受けてくれた大木編集長、膨大な原稿をすっきりと仕上げてくれたデザイナーの高橋美保さん、ハードな取材スケジュールの中、瞬間をとらえてくれたカメラマンの廣田比呂子さん、アジのあるイラストを描いてくれたナオミハセさん、ありがとうございました。
最後に、親愛なる編集者、ハオチーブックスの鈴木めぐみさんと望月健生さん。この本ができたのは、心優しくて、おもしろくて、的確＆丁寧なすーさんのおかげです。心からの感謝と抱擁と、好吃水餃子を捧げます。

山脇りこ　料理家

20代から旅が休日、暇さえあれば国内外を旅している。初めての台湾は1989年のひとり旅。最近はプライベートでも、また仕事でも年に数回訪ねる。台湾では1日8食、という食べっぷりで、すっかり胃袋をつかまれ増量中（体重が！）。友人のお母さんに料理を習い、食べるだけでなく、食材や調味料へもあくなき探求心を発揮する。『明日から料理上手』（小学館）が『明天開始,輕鬆做好菜』（愛米粒出版有限公司）として台湾で翻訳出版されたのをきっかけに、台北や新竹で料理教室を開催したり、日本企業による日台をつなぐ食のイベントなどを重ねる。これらを通じて知り合った多くの台湾の人々への愛を日々つのらせている。代官山で料理教室（東京・代官山）を主宰。著書に「一週間のつくりおき」「いとしの自家製」（ぴあ）など。テレビや雑誌でも活躍中。

http://rikoskitchen.com/
https://www.instagram.com/yamawakiriko/

Staff

デザイン：高橋美保
撮影：廣田比呂子（表紙、とびら、レシピ）
編集：鈴木めぐみ、望月健生（HaoChi Books）
MAP製作：伴秀政
編集協力：辛易儒、Aikoberry、keiko在台灣
取材通訳：茂木裕香、登坂由美
題字：前田多香子
調理アシスタント：玉利紗綾香
イラスト：ナオミハセ
取材協力：エバー航空

食べて 笑って 歩いて 好きになる 大人のごほうび台湾

2019年12月15日　第1刷発行
2024年12月20日　第2刷発行

著　者　山脇りこ
編集長　大木淳夫
発行人　木本敬巳
発行・発売　ぴあ株式会社
　　〒150-0011　東京都渋谷区東1-2-20
　　渋谷ファーストタワー
　　編集：03(5774)5262
　　販売：03(5774)5248
印刷・製本　株式会社シナノパブリッシング プレス

©YAMAWAKI RIKO
ISBN 978-4-8356-3952-9

落丁・乱丁はお取替えいたします。
ただし、古書店で購入したものについてはお取替えできません。